JN220180

SEIGOW'S
EDITORIAL MANIFESTO

松岡正剛 ― 編集宣言 ― エディトリアル・マニフェスト

工作舎

SEIGOW'S
EDITORIAL MANIFESTO

編集宣言

エディトリアル・マニフェスト

松岡正剛

工作舎

［ 目次 ］

［　初出　］

遊学する編集……………………『向上』一九八〇年八月号
エディトリアル・マニフェスト………『土星紀』一九七九年八月号〜一九八一年一二月号
「別の仕事」との関係から……………『遊』九号「存在と精神の系譜 上」一九七六年一〇月
遊線放送局……………………『遊』1001「相似律」一九七八年六月

＊……本書では「エディトリアル・マニフェスト」を軸に、『遊』時代の松岡正剛による「編集」エッセイ二本を加えた。図版は当時の松岡正剛の編集的消息とそのたたずまいを伝えるものを選んだ。ただし図版と本文の内容とは、必ずしも直接照合するものではない。

遊学する編集

〈ユウ〉という語感が気に入ったから、邑とか遊とか融とかの文字を集めてみたが、やはり文句なしに『遊』を雑誌名に選んだ。柳田国男なら遊民、ヨハン・ホイジンガなら遊戯人間《ホモ・ルーデンス》、チェ・ゲバラは遊撃、パリ・コミューンの起爆力も遊動部隊《モブロ》、ロジェ・カイヨワは遊び、そして地球は太陽系の中の遊星……。「遊」という文字にはスパーマーケットに並んでいるような、玩具箱の中のような、光によっていろいろ色が変わるアレクサンドライト・イメージがあるようだ。そんなイメージをいっしょくたにしつつ『遊』という雑誌を創刊してそろそろ八年になる。

最初は雑誌界では珍しい不定期刊を三年ほどつづけ、ついで隔月刊を二年きっかり演じてみた。次はいよいよ月刊であるが、べつだん「雑誌は月刊」などとおもっているわけではなく、やはりエディターとして一度は手がけておこうといった程度の理由だ。マルクスやユンクの『独仏年誌』のように、年刊もまたおもしろいとおもう。

『遊』は最初は〈ユウ〉とは読まれず、大方の人が〈アソビ〉と読んだようだった。

書店でもレジャー関係の雑誌の棚に入れられ苦戦を強いられた。『釣人』や『近代麻雀』にはさまれた『遊』を手にしてみてギクリとした読者も多かったのではないかとおもうと、かえって当方が誤謬を犯したような気分になる。『遊』とは名づけても、およそ〈ユウ〉は〈アソビ〉にあらず。全ページに物質学、観念学、自然学、直観学などがぎっしり詰まっていたのだから、くつろぐつもりで風呂屋に入ったらそこでソルベー会議が開かれていたといったようなものだろう。

「遊び」というとほとんどが「レジャー」に結びつける浮世風潮の中で、遊び人を代表しているようなタイトルの雑誌を刊行しつづけるには、それなりの〝遊気〟がいる。おおむねが「遊びなんて言っておきながら七面倒くさいことばかりを扱っている」という顔付になるからだ。十人が十人とも「遊びという以上はもっとやさしくするべきだ」とも言う。ここでロジェ・カイヨワの「真の遊びはきびしさの中にある」を引いて反論するのは野暮というものだ。そういう読者にはその読者なりの「やさしさ」を求めて別の雑誌を読んでもらうしかない。

『遊』をまがりなりにも市場に定着させてくれたのは、高橋秀元君のおかげである。彼は私とともに創刊号から手がけているエディターであって、かつまた偉大な東洋観念学徒であるが、蛮勇をふるって世にも奇妙な雑誌が市民権をもつまでの販売営業努力を一手に引き受けてくれた。それはまさしく「遊学的営業」ともいうべき健闘だったとおもう。なぜ、高橋秀元がズブの素人でありながら『遊』を戦場におくりこむいっさいの手を打てたのか。私は、彼が本来の意味における「遊」の動向に賭けていたからではなかったかとおもう。カミと高橋秀元との間に、うまく『遊』というメディアがはさまったからではないかとおもう。

古代中国や古代日本では、「遊」とはカミの出遊のことをさしていた。カミが山から出でてひとときを戯れる。それがカミアソビ、すなわちアソビである。いまでもこの意味あいは「あそばします」という言葉として残っている。私は幼年期を日本橋芳町に育ったが、そこでは子供たちが門口に立って「セイゴオちゃん、あそびましょ！」と声をかける。二度三度その声をかけても出て行かなければ、誘った者はあきらめて帰って行く。私も同じく「モッちゃん、あそびましょ！」とやったものだ。この方法こそ、実は古代におけるカミとヒトとの交感をよく象徴する。節分の日、豆で追われたオニが山へ帰るという習俗がある。オニとは「大人《オニ》」、すなわち成長した魂のことを言う。オニはカミの別名だ。里人は年に一度、この成長した魂を迎え入れるため、門口に山のシンボルである松や竹を飾って精神を浄化する。これが正月である。カミは遊ぶ。やがて里人も十全なカミの感化を受けた頃、里のシンボルである豆を用意し、これを山へ戻る「大人《オニ》」に手渡して祝福する。「オニは外」とは言っても、必ずしも追い払うわけではない。

カミもオニも子供も「遊ぶ」とは外に出て遊ぶことを言う。遊覧してまた帰ってくるわけだ。行きっぱなしでもなく、また居っぱなしでもない。それは往来であって、交感である。『遊』をつくるにあたってこのことは非常に大きな意味をもってくる。私はこれまでに『遊』というひとつの雑誌をつくってきたわけではない。『遊』というくつもの雑誌をつくってきたつもりだ。それは、遊び方は一通りではあるまいという思想にもとづいている。

『遊』はいま、第Ⅰ期と第Ⅱ期を終え、第Ⅲ期にさしかかっている。すでにおわかりのように、これらは内容もスタイルもずいぶん違ったものになっている。第Ⅱ期の「遊」を発表したとき、第Ⅰ期の『遊』を惜しむ声が多かった。「前の方がよかった」と言うのである。第Ⅲ期を発表すれば、今度は第Ⅱ期のおもしろさがやっと伝わることになるだろう。それでよいとおもう。カミがやってくる田畑だって、毎年、土壌も実りも変ってくるのである。能の演目だって、毎回毎年変るのである。それは能というものが海上から来臨するカミのために演じられてきたからだ。しかし、大事なことは、それらのレパートリーやプログラムは前もって決められているということにある。

『遊』のエディションは、読者に自分の「内なる家」から出遊してもらうことを主眼においてきた。そうやって外延宇宙にふつふつと出てきた人々と遊芸を交感することこそ、エディターのかけがえのない〝遊使感〟を癒してくれるのである。

読者諸君、あそびましょ！

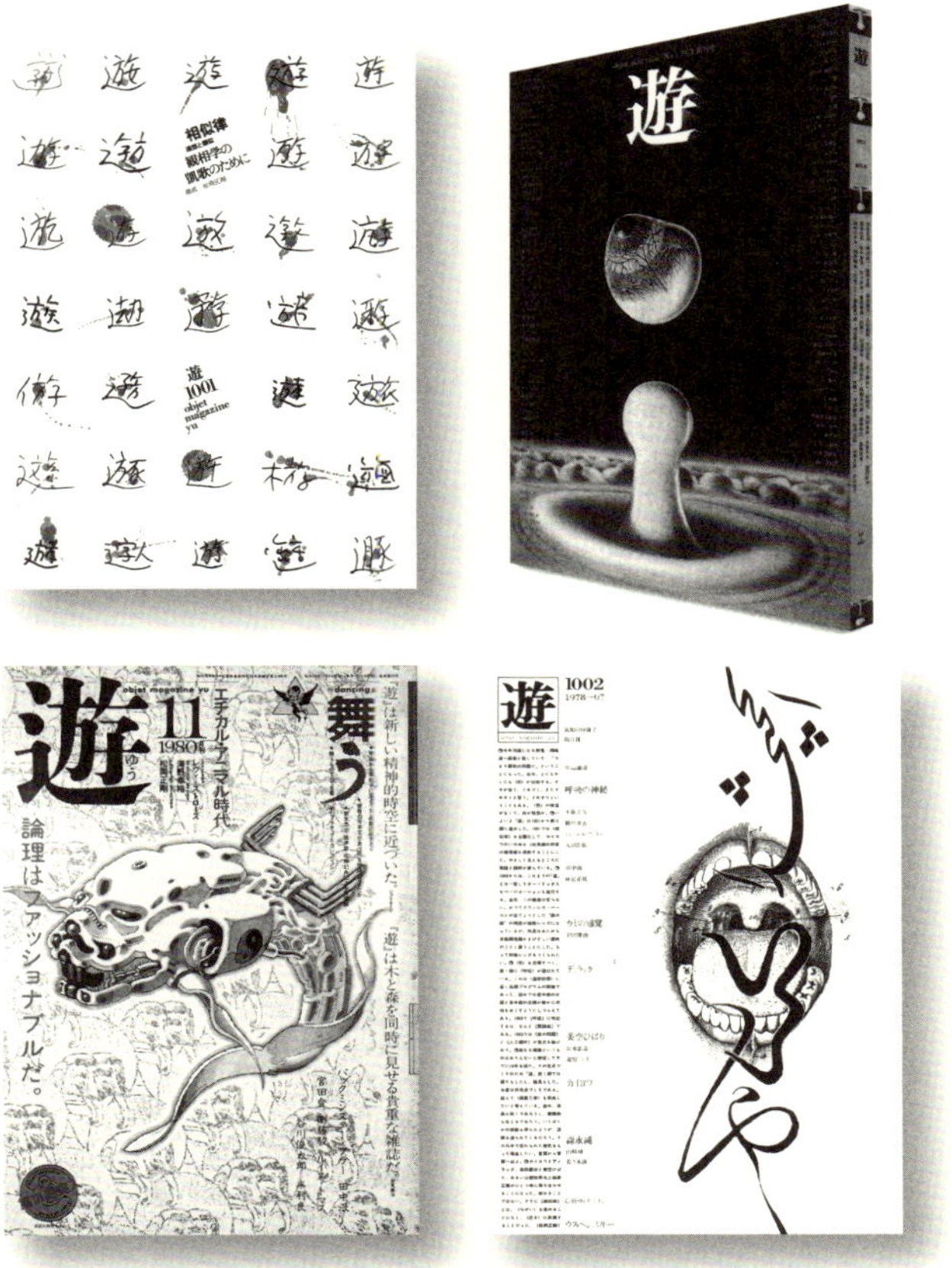

『遊』創刊号、第II期1001号（特集「相似律」）、第II期の基本フォーマットをつくった1002号（特集「呼吸＋歌謡曲」）、および第III期初号（特集「舞う」）

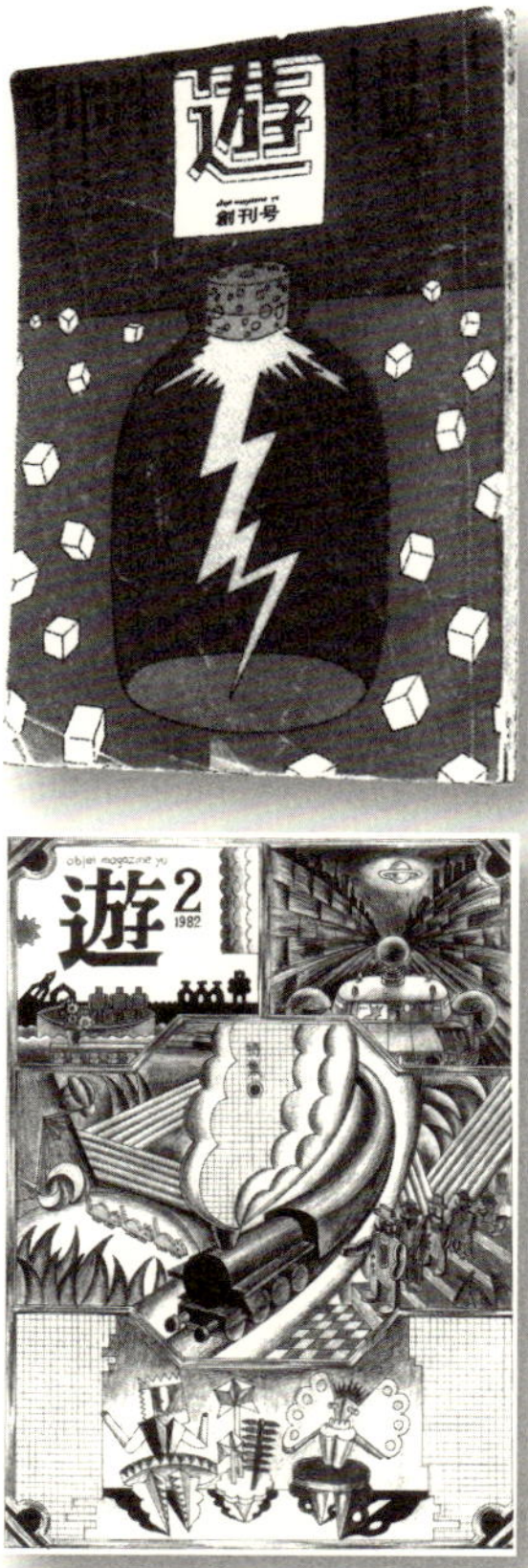

小島武による『遊』創刊号パイロット版表紙と、タイガー立石による第III期表紙ダミー

エディトリアル・マニフェスト

01

H芸からE闘争へ

●——「編集」という言葉は、以前は「編輯」と綴っていた。かつて「編輯」が「編集」に変更されたとき、編集者であった吉行淳之介が「急にゴミ集めの係にさせられたような気がした」と感想を述べていた。たしかに「編集」という文字面や語感には不充分がある。むろん集めたり編んだりする作業も編集のうちではあるが、それだけではない。直観を鍛え、時代と情況を読み、言語内潮流と言語外感覚の接点をつねに見つめてこれを外在化しつづけて、執筆者の存在と精神の拠点を問い、時に走って時に沈思、時には誰よりも戦闘的に執筆し、さらには割付レイアウトから、一文字一文字に棲む文字の生態や形態にも心を至さなければならない。こ

「エディトリアル・マニュフェスト」が連載された工作舎の月報『土星紀』。命名はもちろん松岡正剛。現在月報は休止しているが、出版案内「年刊土星紀」にその名は引き継がれている

れらを単に「編集」や「編集者」の一言で片付けられるわけはなかった。

●——私は故あって十五、六歳の頃より編集や活字の世界に取組んできた。そのささやかな流れを振り返ってみると、そこでなされてきた一部始終は、自身の裡なる存在的なるものをつねに存在学的なるものへ変換しつつ高次化する作業であったと憶われる。つまり、そこにはいつだって存在が賭されていたことを確認することができた。編集は闘争でもあった。

●——そこで、「編集」を「エディトリアル・ワーク」と言い換えておくことにする。言い方が変ったからといって内実が変るわけではないが、少くとも次のような職能(存在と精神)がはらまれていることを示唆するにはわかりやすい。すなわち曰く、エディトリアル・ジャーナリスト、エディトリアル・アーチスト、エディトリアル・デザイナー、エディトリアル・フォトグラファー、エディトリアル・インタープリター、エディトリアル・トランスレーター、エディトリアル・ライター、エディトリアル・ミュージシャン、エディトリアル・ダンサー……。

●——たとえば、プラトンの多くの対話篇はエディトリアルである。般若経が大小各種の経典となり法華経の一部が観音経となりうるのも、そこにエディトリアル・

オーケストレーションが敢行されているからである。ダンテの『神曲』、空海の言霊論、ゲーテのウィルヘルム・マイスター、むろんディドロの百科全書……これらもエディトリアルである。レオナルドは空気遠近法において、ライプニッツは普遍言語において、世阿弥は日本タオイズムの再編成において、ニュートンは重力計算において、蕪村は視野と言語の関係において、ラマルクは生物と無生物の形成力において……それぞれエディトリアル・アーチストだった。

●——いわゆる〝編集者〟が著者と版元の間を守る芸者を演ずる時代は終った。H芸からE闘争へ。

02
マントラの出現

●――ロジェ・カイヨワ、ミシェル・レリス、ジョルジュ・バタイユの三人が組織していた社会学研究会では、「今後は文学と社会の共同編集こそが本質となるであろう」という主張を採択していた。アーノルド・シェーンベルクには「私は音を創造するという観念を打破したい。音楽は当初から編集を端緒とする」の強調がある。最近ではブリティッシュ・ロックのブライアン・イーノが〈エディトリアル・ミュージック〉に取組んでいる。ゲルマンらに始まっていまや現代物理学の中枢リチャード・ファインマンを核に一大戦線化しつつある〝クォーク理論〟は、あきらかに「理論物理学と実験物理学の編集」の成果である。世界一級の生

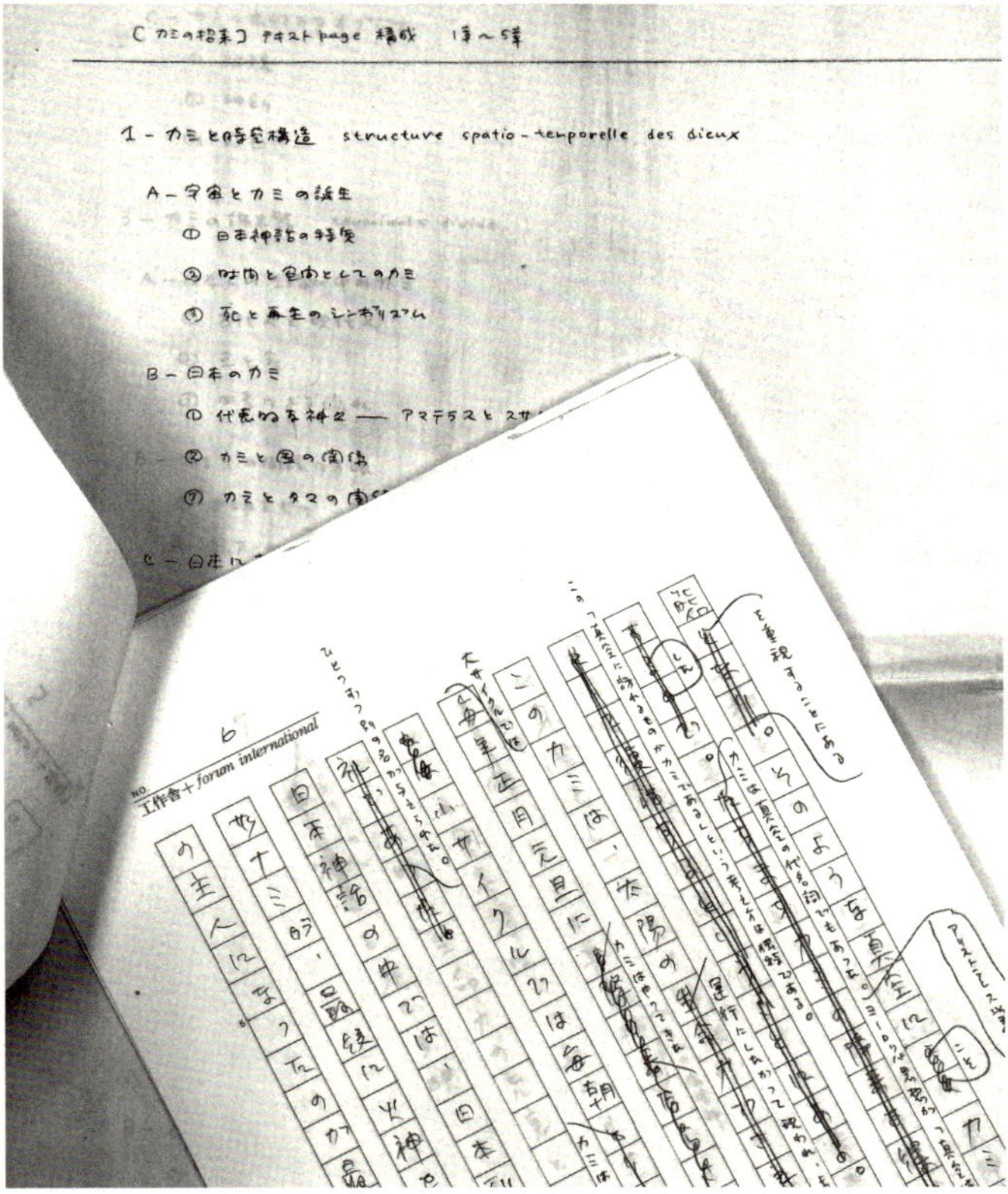

松岡正剛の手書き原稿とライティング・プラン。エディトリアル・ライティングでは「消しゴムを使わない」ことが基本とされた。その後、松岡の原稿執筆はもっぱらシャープのワードプロセッサ「書院」によることになる

物学者を集めたカリフォルニアのソーク研究所では、一九七〇年代より「生物学の編集的研究」を打ち出した。〈エディトリアリズム〉の足音が昂くなっている。

●――もともと「文明の発生」が最大のエディトリアル・イベントだった。大地球＝生物史のもと、原人間たちは身体の自己編集化を契機として文明を拓いた。直立二足歩行による両手の自由は「手の関節の自覚」をもって数の観念や図形の創出に向い、子音の発生は咽喉部と舌歯部の自己編集によって一挙に言語律を組織化した。分節化と組織化、すなわち「オーガニズムの夢」が人類発生史であった。エディトリアル・オーケストレーションとはオーガニズムの過程である。

●――ゾロアスターの編んだ「アヴェスター」とアーリア民族の讃歌集「ヴェーダ」各集を読んでいると、人類最初のマントラ・エディトリアルの方法が手にとるようにみえてくる。興味深いのは「アヴェスター」も「ヴェーダ」もともに「知識」を意味することで、「哲学」が古代ギリシヤにおいて「知の愛」だったこと、ブッディズムの基幹に「智恵」(般若)が流れていることなどとあわせて、先人たちが「知」のエディトリアルに何よりも先に着手していたことに瞠目させられる。しかも、最近の伊藤義教博士の研究によれば、「アヴェスター」の本義は〝助けとなるもの〟

らしく、エディターの本懐が「存在的なるものを存在学的なるものへ昂める」にあると確信している私にとっては、この「アヴェスター＝助産作用」説は味方を得るものだった。

●——初期のマントラ・エディトリアルはもっぱら言霊力の射出に頼るものであって、そこではおおむね「言＝事」という「コトの二重性」と「霊＝物」という「モノの二重性」が構造のバネになっている。「言＝事」はやがてその内側に律動の本質を読みとって詩歌・劇詩などへ発育し、「霊＝物」はいったん各種の物神となりつつ、物語《モノ・カタリ》へ定着する。

03 類と例

●――カタリは「語り」であって「騙り」である。「むかしむかし」に始まるモノ・カタリには、語り手と聞き手の間に正確な人工時空が想定されていたものだ。これは重要なことである。今日、カタリはその場にひとつの時空を出現させられない。なぜ、そうなってしまったのか。理由はいろいろあろうが、最も憂慮すべきは「そこに類的等価性の座標がない」ということだろう。単なるエクリチュールではカタリは成立しない。ドゥルーズやデリダも言うように、そこにはミンコフスキー世界線に代るもうひとつの時空連続体が横たわっていなければならない。マルクスはそのことを端的に「類」と呼んでみせた。むろん、物質現象学的オーガニゼー

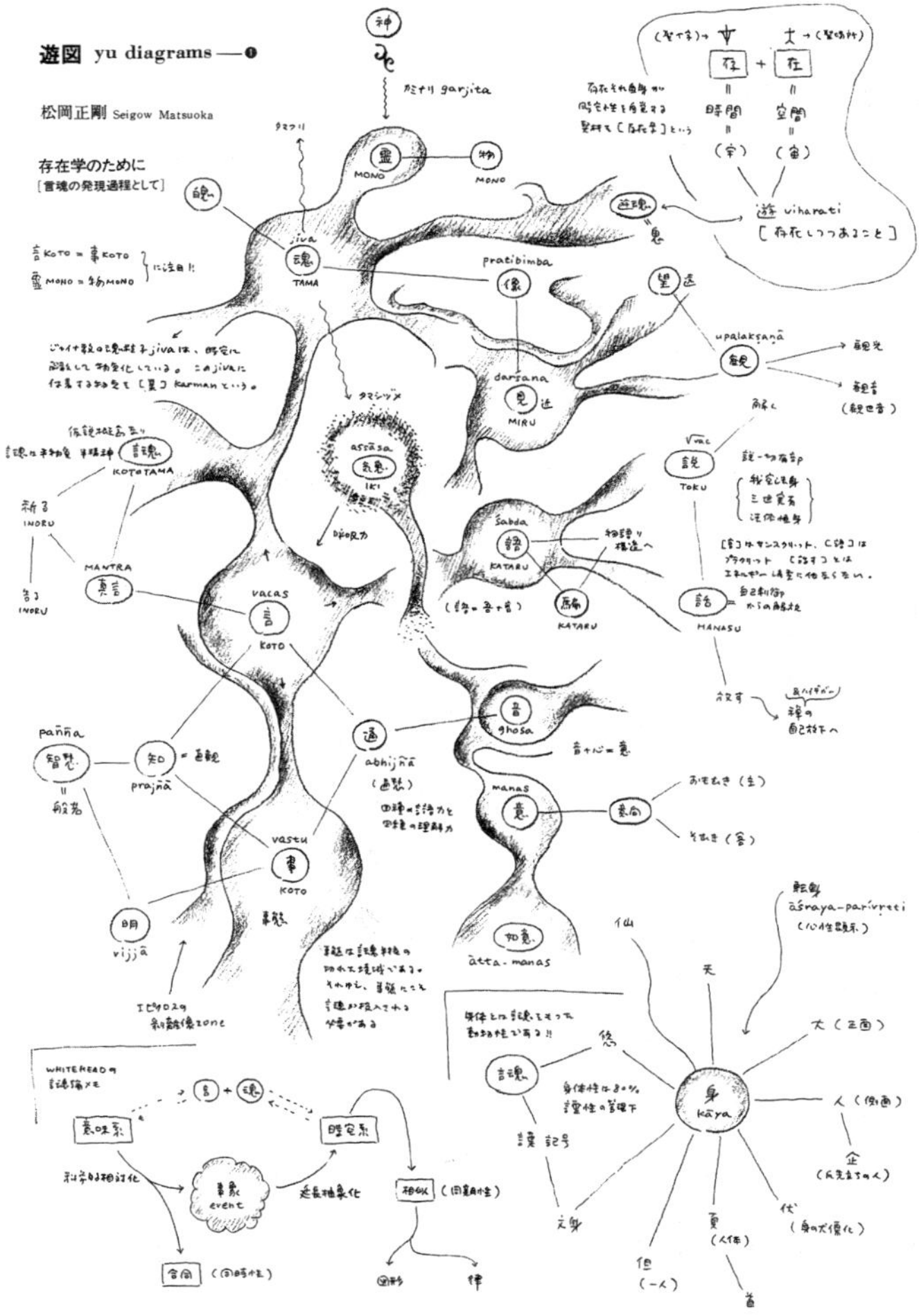

『遊』1004号より「遊図……存在学のために」

ションとしての、類である。

●——かつて「類」はカミが代行していた。そのカミはまたあまたの物神《オブジェ》によって代行させられていた。そこに山があれば一本一本の樹や石を含めて誰しもが「類」としての結界を感じえた。そこに家があれば一本一本の柱やカマドに誰しもが明快な「類」がひそんでいることを知っていた。ところがどうか。いま、カミもしくはカミに代る類例を日々の奥底で凝視しつづけていると確信できる人が何人いると言えるのか。「言《コト》＝事《コト》」と「霊《モノ》＝物《モノ》」の超二重性をどこで発揮しつづけていると言えるのか。

●——いま、発見しておかなければならないコトとモノ。何をカタルのか。どこでカタルのか。そのカタリの源流に対して自己放下はすんでいるのか。源流は何か。その源流にあたるコトとモノに真の敬意を払っているのか。払っているならば、そのコトとモノの原形は何なのか。いま、それらは何に姿を変えているのか。それらの棲む余地をつくってあげているか。そのうえで、カミではないにしてもほとんどがカミともおぼしきコトやモノにさわってみること。

●——われわれは誰でもないものに向けて語りつづけなければならない。

●——私は「類」と「例」とを持ち出したいとおもう。「類」は例の類であって、「例」は類の例である。かつて、類は未来の画像で使われ、例は過去の体験から導き出されてきた。しかし、問題は逆でなければならなかった。類は太初にしてすでにあるモノであり、例は前方にこそ放り投げられるべきコトである。とりわけ例のコトは未来に属するをもってよしとする。私は「引用の哲学」や「喩の美学」について話しているのではない。類という魂粒子、例という精神事態を語ろうとしている。

●——エディトリアル・ワークは類と例の実践である。つねに類にあって例を望むこと——ここに基礎がある。しかし世はむしろ、例にあって類を望む閉塞の裡にある。それでよいのか。

04 埒の内と外

●——よく私の父は「こりゃ埒《らち》があかんわ」と言っていた。何度も口癖のように言っていたので子供心にも「埒《らち》」というものがどのような範疇を結ぼうとしているか、およその見当はついた。『和名抄』には「埒とは馬場の周囲の柵なり」とあり、一種の柔かい結界のような意味をもっているであろうことが誰にも予想される。「埒外」と言えばカテゴリーの外ということである。「今ははや遣り手の婆の埒口《らちくち》もなし」などとも使う。サッカーで言うならばゴールキーパーの守備するあたりというところだろう。

●——「類にあって例を望む」というわがエディトリアル・ワークの方位、この方

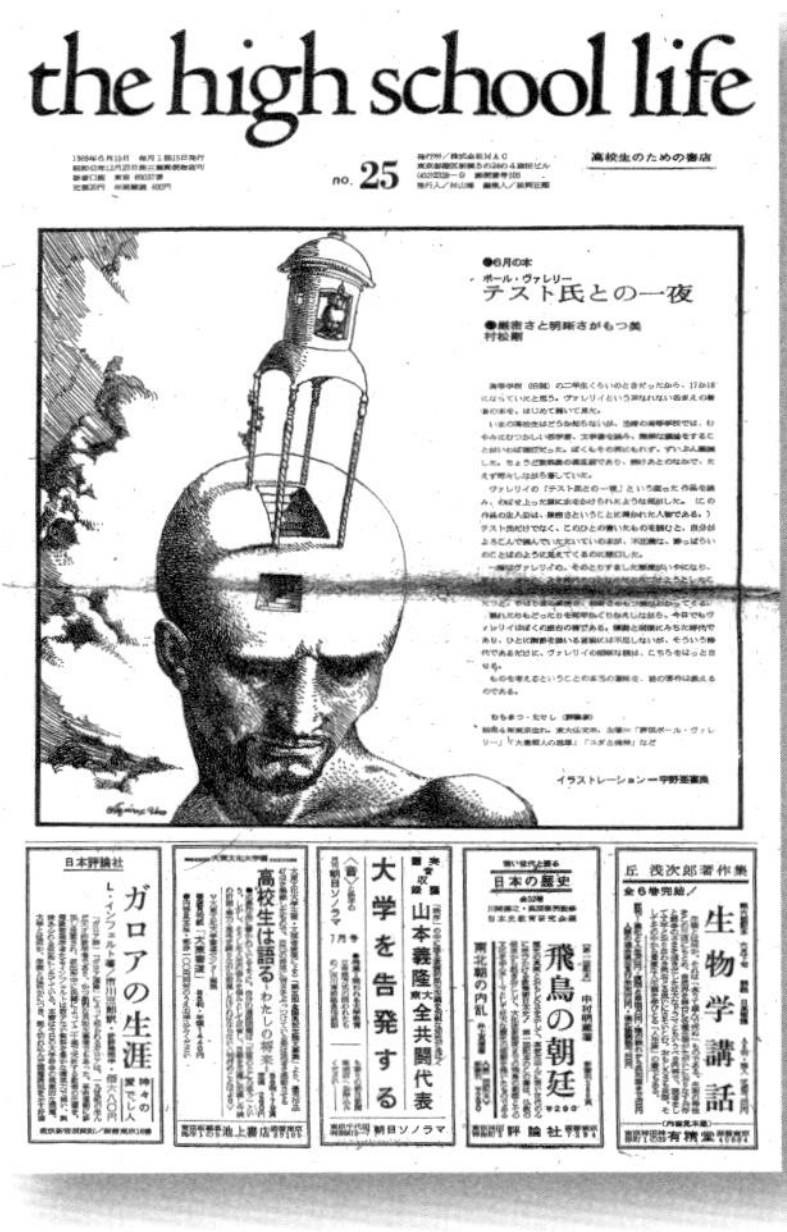

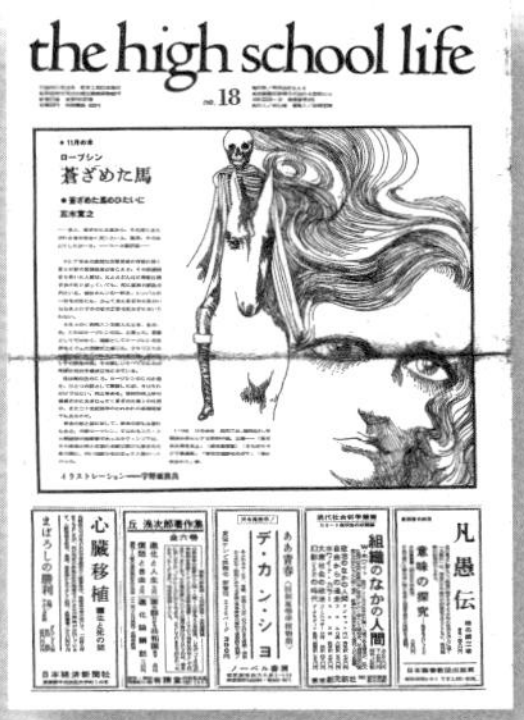

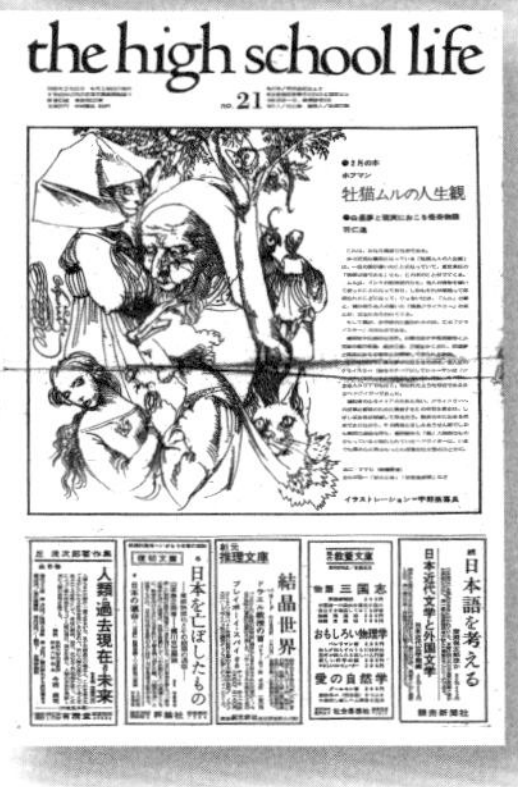

20代前半の松岡正剛が手がけた、高校生のためのタブロイド誌『the high school life』
（東販、1967—1970）

位をさらに強調するとそこに「例外」という極事態があらわれる。私は努力というものがあるとすれば、つねに例外的でなければならないと確信する者であるが、このことは今日の本づくりにもあてはまってよいと考える。できることなら「つねに例外」という集中期をアドレッサンスを燃え尽すつもりで実現するのが一興ともおもわれるが、そうではないにしても、せめてブック・コスモスの誕生に関与するにあたっては例外をもって事態を極点化するに大胆でなければなるまい。

ノヴァーリスは「人は一生に一度の聖書を綴るために生まれてきた」と言う。

●——さて、この「例外」を「埒外」として片付ける風潮がいまどの業界にも満ちている。異常、気狂い沙汰、やりすぎ、とんでもない、こけおどし、一人よがり、馬鹿ていねい……まあ、好き勝手な言葉が並べたてられ、その批難をジュラルミンの楯にして、小市民幻想とクリエイターの茶坊主根性が保護される。かれらの好きな良識主義は、むろん防衛経済のスネに接ぎ木されたイデオロギーにすぎないし、それこそ「例外」を怖れる最も小心の知の考古学徒にすぎまい。では、お手前の立つという「埒内」には何があるのか。

●——東洋のカミはウツなる場所に顕われる。埒内は何もないガランドウである。

ガランドウであるがゆえに、そこに外来魂が訪れる余地がある。そこにオトヅレもくる。「内」を守ろうとしてはならない。「内」は最も風通しのよいところでなければならない。そうであれば「内」に「外」がやってくる。ホワイトヘッドはこのやや東洋的な動向をもつ内外の同時変換構造を有機体的現実主義 organic realism と呼び、ウォディントンは巧妙にも「カナリゼーション」という名を与えた。「内は外」である。

●――「埒」とはオーガニズムだ。良識でも常識でもイデオロギーでもない。数学ならば方程式、機械学ならばエンジンである。これらは内も外もなく、また内であって外であるような当のものであった。エディションもそういうものだ。

05 書物と本物

●——青春期にステファヌ・マラルメの絶対書物論やモーリス・ブランショの来臨書物論に耽溺したにもかかわらず、書物を一個時空の絶対座標として扱うことにいささかの不満があった。マラルメやブランショならば、むしろボルヘスの相対書物論の方がゆかしいが、それでも私にはやや不充分だ。三人とも書物を物神化しすぎているし、物神化しているその分だけ自分の手を汚そうとしていない。他人から見れば私もまた根っからの〝本狂い〟であるのだろうが、本人としては書物フェティシュをむしろ軟弱な思惑とみてとっているつもりである。『徒然草』八十二段に紹介されている頓阿のごとく、「本の螺鈿の軸は貝が落ちてからの方

松岡正剛編集による稲垣足穂と中村宏の対談集『機械学宣言　地を匍う飛行機と飛行する蒸氣機関車』（仮面社、1970年7月）の銅板製特装本。『the high school life』とともに『遊』以前の松岡エディトリアルの代表作である

がよほど風情があってよろしい」という見解の肩をもちたい。頓阿はこのあとで、「各冊の丁裁の揃っていない物語本はみっともない」と知たり顔に言う男を制して、「何でも揃えようというのはつまらぬ人間のすることだ」と戒める。デ・ゼサントの美学ていどの持ち合せではとてもこうは仕切れない。

●──書物への愛着は、下手をすれば知識主義の牙城をつくる。たとえば中井正一、バタイユ、ボルヘスらはそれぞれの「知層の陥穽」を辛くも免れて世にも不可思議な書物三昧の対境をつくりえた稀れな書館長たちだった。けれども、誰もがこのような曲芸に秀でることはできない。むしろ本を〝知の考古学〟に幽閉してしまうのが関の山である。かれらは本を費おうとはしないで、貯めようとする。しかし、本は博物館であってはならないのではあるまいか。

●──「松岡はん、本は人を重うさせてはあかんのとちがうやろか」と言ったのは稲垣足穂だった。「人を重くさせない」とはずいぶん至難の要求であるが、私はこれを受領することにして、まず自分の蔵書を手元に置くのをやめてしまった。「本の私有」を捨てないことには何事も始まらないとおもえたからだった。では、蔵書を公共化することはできたにせよ、本づくりにおいて人を重たくさせないにはどうすればよいのか――。これはやはり難問である。時によっては人を寄せつけない結界を本に託することさえ肝要とおもわれるのに、どうすればその本が〝軽み〟に達するか。

●――「本」という一字は象徴的である。おそらく「手本」という言葉が昂じて書物の意味を獲得するに至ったのだとおもわれるが、この「本」の一字を組みこんだ熟語にはギクリとさせられるボキャブラリーが並んでいる。たとえて、本物、本気、本心、本文、本論、本能、本意、本来――。いずれをとっても本づくりをする者の威儀を正させるにふさわしい。ようするに「書物」ではなく「本物」をつくりなさい、と言われているような気にさせられる。そこで、多少の提案がある。

06

間と対

●──「本」をつくるにしても、あるいは読むにしても、心得とすべきは「本以前」のコンディションである。たとえばここに本づくり十年の経験者と一年の初心者がいたとして、どちらが〝本物〟をつくりうるかと言えば、私はその経験の有無よりも当人と魂の「間」のあり方にいっさいが影響されてくると言いたい。たしかに「本」の職人的技芸に関する作業では初心者は十年のキャリアに一歩も二歩も譲るだろう。しかし、「本」はそういうことのみで読者をキックするわけではない。文字、言語、文章そのものへの霊感も作用するし、活字の紙へのくいこみ方やページを繰る紙葉の軽やかな音も「本」とは無縁ではない。しかも、これらのことはたっ

1978年にパリ装飾美術館で開催された「間MA展」ポスター。デザインは杉浦康平、テキスト原文は松岡正剛。銀の地にマット墨インクで刷られた

た一冊の本しか手にしたことのない若い読者にも、観察力さえ十分であれば受信できる福音である。しかし、これはまだ「本」の中の事情に関する消息だ。

●——「本以前」とはわれわれと魂のあいだの事情のことである。この魂は外からやってくる外来魂だ。かつて外来魂は樹木や鐸《サナギ》やヒモロギなどの依代に到来したものであったが、「本」はいまこの役目を担いつつある新しき依代になった。「本」は外側からやってくる魂のメディアとなってわれわれに働きかけてくる。したがって、われわれとしては魂の寄せくる状態をつねに最高のコンディションで迎え入れるレセプションを続行していなければならない。本づくりをする前に重要なことはこのことである。あれこれのエディトリアル・テクニックではない。

●——私は、魂が外側にあること、それが時折やってきてわれわれに仮泊しうること、それには何らかのメディア（依代）が必要であることを、あらためて強調しておきたい。そして、その上でこれら魂とメディアとわれわれとのあいだにある「間《ま》」について言及しておこう。

●——「間《ま》」とはあるものとあるものとの間隙をさす言葉ではない。「間《ま》」はその内部にあるものとあるものとの両方を含意する。このふたつのあるものをそれぞれ「片《かた》」と呼ぶ。「片」と「片」とが含意されて「間」を形容する。したがってそれは充実した空間であって空虚であるわけではない。古代中国や古代日本ではこれを「真《ま》」と呼んだ。「間」こそ真理や真相や真人を表象する。一方、「片」は「1」であって「間」は「2」である。これは「片」が片割れの意味であることをおもえば合点できるであろう。すなわち、ふたつの「片」が寄り来たったところ、そこに、「間」が出遊するという結構になる。つまり、「間」は「対」をはらんでいるわけだ。

●――「本」とは「間」である。「対」の成就への道である。三浦梅園はこれを端的に「一即一、一なり」と言う。

07 見当と見分

●——さて、類にあって例を臨みつつ、そこにマントラによる例外と埒外の闘争を組織化し、もって「言＝事」と「霊＝物」の二重性をとらえて一冊の本を「間《ま》」として開示するには「対感覚」が必要であることまで述べてきた。そこで、しばらくは実践的な立場からエディトリアル・オーガニズムの実相を説明することにする。

●——まず、当面の話題の「対」という感覚であるが、簡単に言ってエディトリアル上の対感覚とは一冊の本をつくるにあたって、つねに「もう一冊の本」が想像圏内に同時進行するということを意味している。いわば〝隠れたパラメーター〟を会得するということだ。これは、一冊の本のみならず、一本の原稿や一本のヘッ

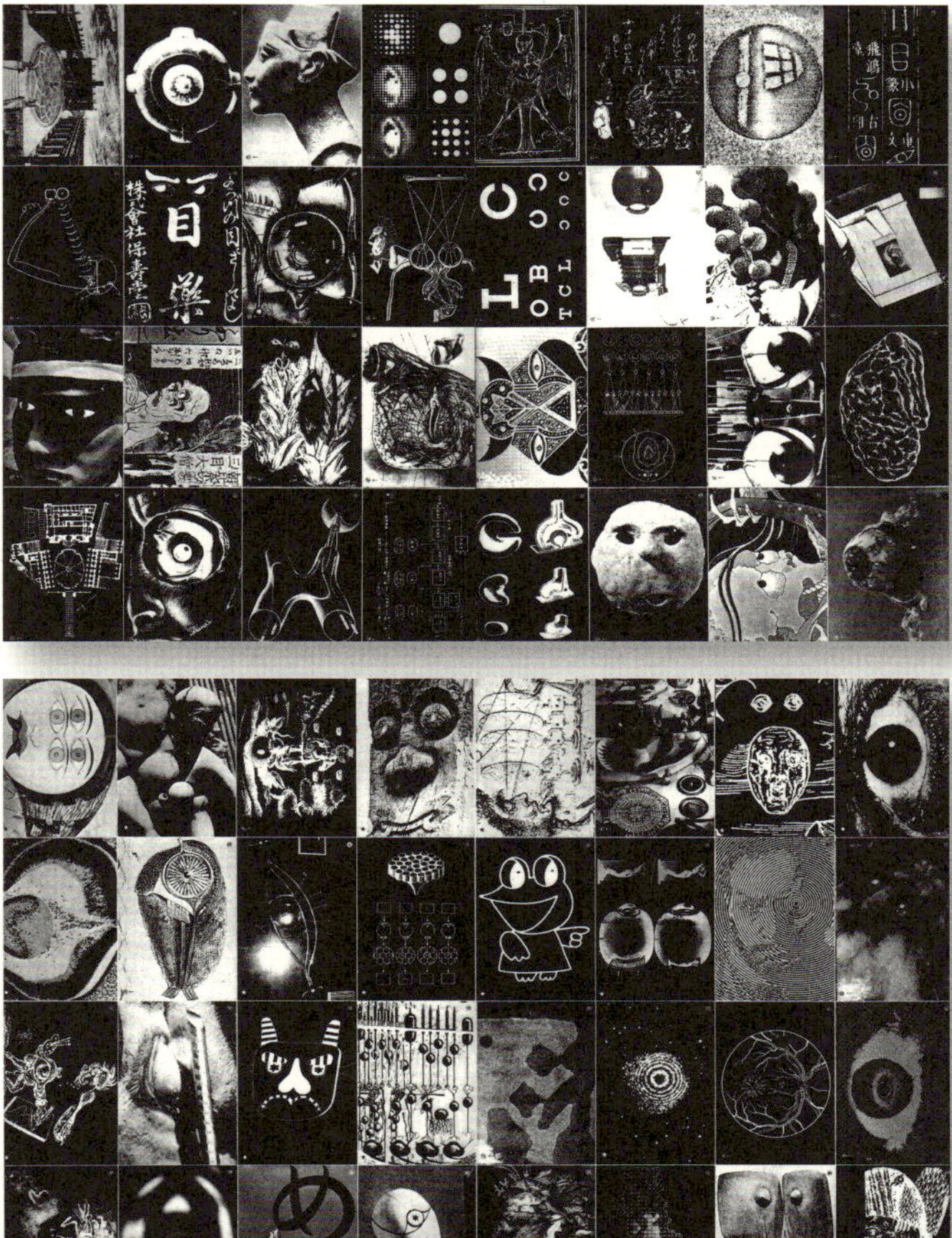

雑誌『遊』の正式タイトルは『objet magazine 遊』。創刊号から8号まで、巻頭特集として「オブジェ・コレクション」が掲載された。9・10号の「存在と精神の系譜」では、存在そのものがオブジェ（目当）となっている。上は創刊号の「オブジェ・コレクション　眼の形態」より。このオブジェ・コレクションが、やがて「相似律」へと展開する

ド・ライン(見出し)についてもあてはまる。このことは、すぐれたエディトリアル・ダンサーがつねに「もうひとつの踊り」に覚醒しつづけ、すぐれたエディトリアル・フォトグラファーが「もう一枚の写真」を直視している事情にも相通じている。「シャッター・チャンス一回きりの傑作」などという写真を、私はあまり信用していないということだ。

●——同じことを別の角度から言うならば、「アイデンティティの横超」ということだろう。すでに素粒子はアイデンティティ(自己同一性)をもたない究極動向によって成立し、たえざる対発生と対消滅に賭けている。存在も同断であり、エディトリアルまた然り、である。日本出版史上の画期的事件であった寛永期の本阿弥光悦と角倉素庵による嵯峨本が、はやくも一冊として同一の冊子をつくっていなかったことに注目したい。これは俵屋宗達が後に補修のエディトリアル・デザインを手がけた王朝期の平家納経にもみられるところである。

●——そこで、「見当」と「見分」という新しいコンセプトが出来する。「見当」については数学者・高木貞治による「見当とはオブジェのことだ」という明快な解説があることを、私は十川治江に教えられてギクリとしたものだったが、いま少しエディトリアルふうに構えれば、「見当」とは内なる遠方の焦点をとらえようとする「内なるパララックス（視差）」だということになる。直立二足歩行したわれわれはいくつもの発見に至ったが、そのひとつに一対の眼球が顔の前面に並んで対象の視覚認知を飛躍的に増進させたということがある。エディトリアルではこの「見当」を内側にも生じさせる必要がある。

●——もうひとつの「見分」を検分と混同してはならない。古代に水分神《ミクマリ》があるように、われわれの存在学にも見分神が棲んでいる。それは、マルクスが「分離して一挙に撃て！」というスローガンで表現してみせた思想よりもひとまわり広い、いわば「同時に二度見て、一度に戻す」という思想にほかならない。

08 プリヘンジョン

●――「見分」とは字義どおり「見分ける」ことである。ホワイトヘッドは『過程と実在』のテーマのひとつにこの「見分」をおいた。ホワイトヘッド流にはこれをhybrid physical prehension と言う。複合的把握構成力の重視である。また、謝赫《しゃかく》の古画論を一歩すすめた唐の張彦遠《ちょうげんえん》の山水画論『論画六法』では似たような意味で「経営位置」という言葉をつかっている。今日ならばコンポジションというところだろうが、もう少し複雑な三昧がある。

●――「見分」をさらに一歩つっこむと浮世絵によく言われる「見立《みたて》」の手法になってくる。今日では鑑定や診断のことを「見立てる」と言うが、浮世絵では場面を

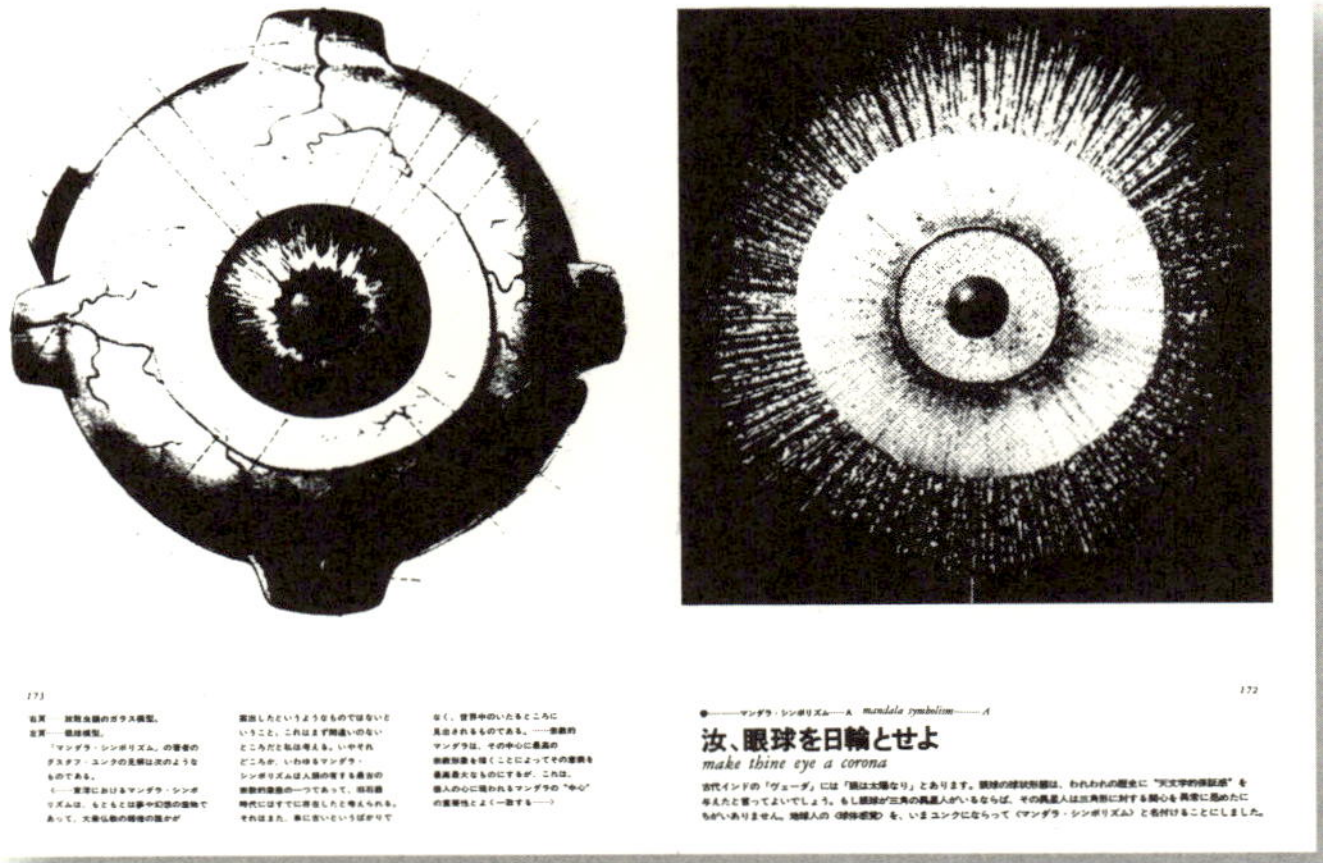

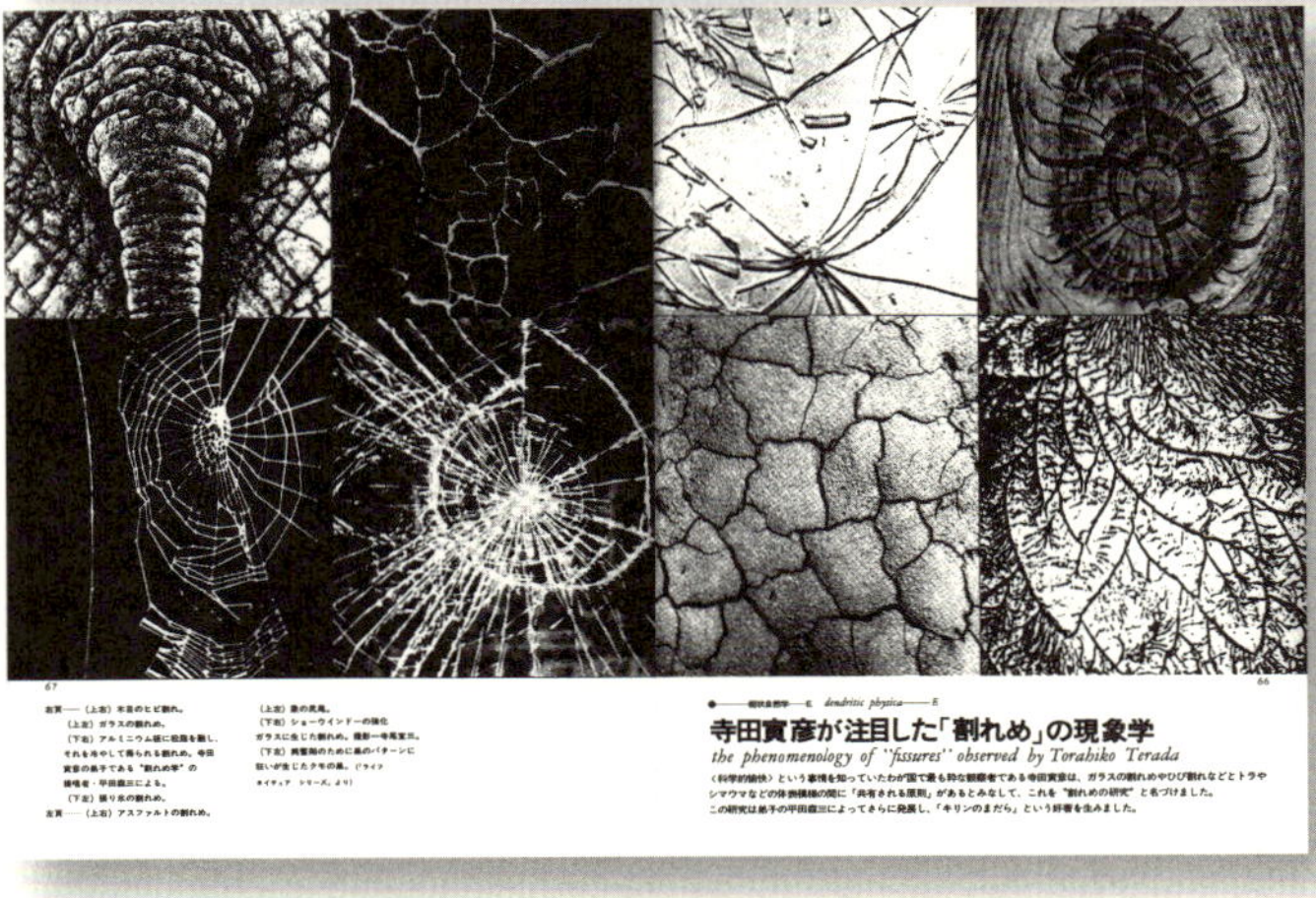

『遊』第II期の劈頭を飾る1001号「相似律」特集より。以降、『遊』第II期では「呼吸＋歌謡曲」「道気＋北斗」「観音力＋少年」のように、概念の相似律として特集テーマが組まれた

故事にならいつつ人物を当世風に描き変えてしまうことを〝見立絵〟と呼び、俳諧では付合《つけあい》で、前句の印象を別な風味に解釈しなおして句をつけることをやはり「見立」と呼んできた。私はこのような「見立」がエディトリアル上でもかなり有効であろうとおもっている。見当と見分と、さらに見立。ついでながら「見送り」という手法もあって、いまでは新幹線プラットホームの日常光景になってしまったものの、視点を「ここ」から「かしこ」へ連続させてなお一括するという奇妙なおもしろみがある。「船は出でゆく煙は残る」という結構だ。三浦梅園の「一即一、一」も、わが「同時に二度見て一度に戻す」もほぼ以上のことだった。

●──エディトリアル・ワークはプランニングからはじまる。何を誰にどのように托しつつ、何に向って表現するのかを刻明に立案する。一般には著者や執筆者あるいは画家や写真家がいて、編集者はかれらと読者とのよき仲介者たらんとすることが美徳とされる。しかし、そのように仲介者に甘んじることは、かえって執筆者と読者からエディトリアルというものを奪ってしまうことにもなりかねない。すでに述べたように、エディトリアルは太古の文明発生とともに誕生した。誰もがエディトリアル・ワールドを享受すべきなのである。そこで、最初のプランニングにおいてはできるかぎり広い自在圏を保証しておく必要がある。

●――プランには大筋と枝葉があろう。しかし、大筋と枝葉の両方を一度で決めこむのは危険である。幹は土中の根から水を吸い、枝葉は空中から大気を吸いこんでいるわけで、一本の樹といえども必ずしも同一の生態系に依存しているとはかぎらない。したがって、ここに「対《つい》」の構造を控えさせておくという技法が重要になる。基幹と枝葉をひとまず別個に考える。このとき、エディターの趣向と主題がその両方もしくはどちらかに飛来できるようにする。「対」が出来あがれば、次は「間」である。ここで「間に合せ」と「間違い」という問題が浮び上ってくる。

09 間違い

●——能の鼓は「ヤッ」とか「ハッ」とか息を吐いて、その吐く息の最後に鼓を打ち、さらに打ったあとは息を止めたままになる。つまり気合いを入れて、その気が充実した状態を聴き手におよぼしてしまう。緊張は奏者から聴衆に移る。日本人がいう「間」とはこのことだ。「間」とは空虚なものではなく、文字通り「気が合うところ」でなければならない。この充実の「間」をうまく合わせることが「間に合う」であり、うまく「間」に乗りきれないときが「間違い」だ。エディトリアル・ワークにとっても、これは重要なポイントになってくる。

●——ところが、「間に合う」という考え方は、今日では「間に合わせる」というふ

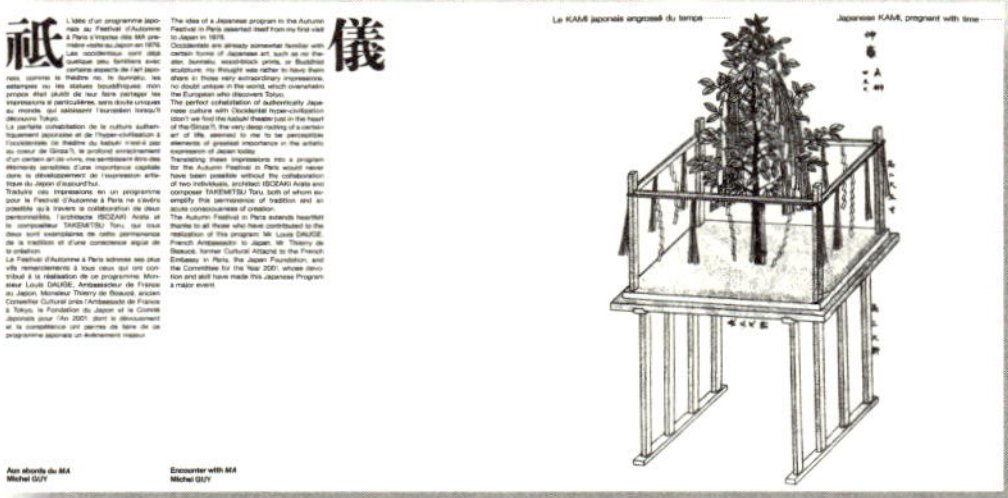

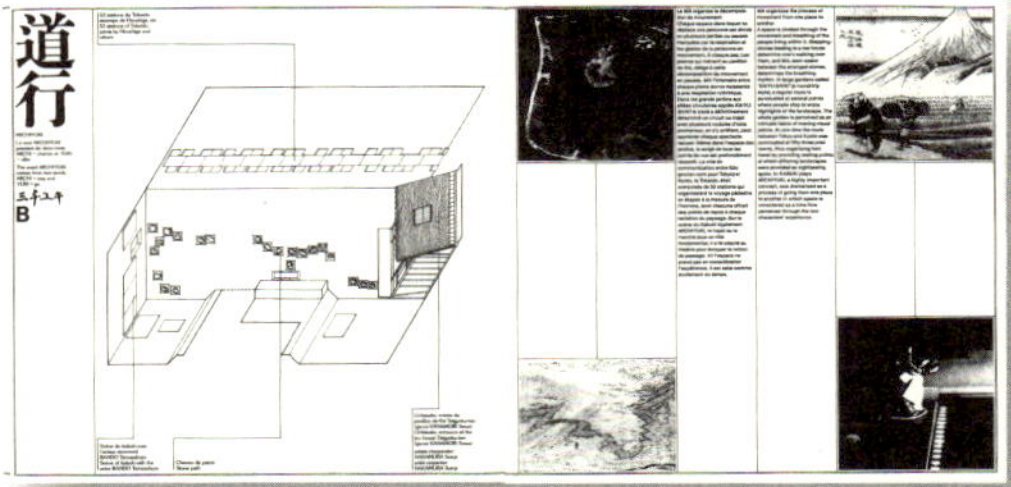

1978年にパリ装飾美術館で開催された「間MA展」パンフレットより。プロデュース：磯崎新、デザイン：杉浦康平、編集：松岡正剛

うに使われ、あまりいい意味では用いられていない。「お茶漬で間に合わせた」「間に合わせでいいから早くメシをつくってくれ」――このように使われる。いい加減、適当、みつくろう、まずまず、さらには、でっち上げ、とりつくろうといった意味がふくまれる場合さえあるほどだ。しかし、これらはおそらく誤用であろう。先だって京都の中西一保堂の知人を訪れた折、ややあって夫人が茶と菓子をもってきた。笹の葉が一枚しかれた志野に鶴屋の菓子がのっている。夫人がお茶をすすめながら言う、「まにあわせですけど、どうぞ」これなら、わかる。

●――「間に合わせ」とはそれなりの自信に裏付けられた省略である。何を省略するのか。過剰な時分を、めぐりすぎる気を、深まりすぎる配慮を、うろたえる場を、それぞれふくんで一気に省略する。これはエディトリアルにとって学ぶべき方法だ。単にわかりやすくしようとするのではない。単に主張するのでもない。世阿弥のいわゆる「時分の花」を咲かせる「間」をこそ合わさなければならない。

●――一方、「間違い」は誤謬ではない。真相や真理に対して「間違い」があるのではなく、その用法に「間」が生じなかったためである。もう少し正確に言うならば、「場のとりちがい」だ。そういう意味で、私もずいぶん「間違い」を犯してきた。しまった、とおもってももう遅い。そういう二度と戻らない「時機」というものをとりこむか逸するか、そこに「間」のむつかしさがある。

●――このような「間のエディトリアル」は、活字上の訓練だけでは間に合わない。人と人、人と事態の中で手を打つ必要がある。いろいろな場面で「合いの手」を打ってみて確認するしかない。これからのエディトリアル・ワークには、そういった呼吸律から派生するような存在学的観点の導入が急務になってきた。そして、時にはマヌケを演じる構えもいるだろう。

10 顔と背中

●——さて、以上に述べてきたエディトリアル・オーガニズムの見当のいくつかは、必ずしも本や雑誌の編集のみを念頭においてのことではない。アート・ディレクションやフォト・ディレクションなどのヴィジュアル・ワークや演劇や映画、さらには文芸一般や科学一般にもあてはまるものとおもわれる。すでに述べたごとく、エディトリアルは「方法そのものの革命」を示唆するものだ。しかし、私はいましばらくの間、やはり「本」という奇妙な玩具にこだわって話を進めてみようとおもう。本は論理であってファッションだ。

●——本というものの構造はそれほど多くない要素と条件によって成立している。

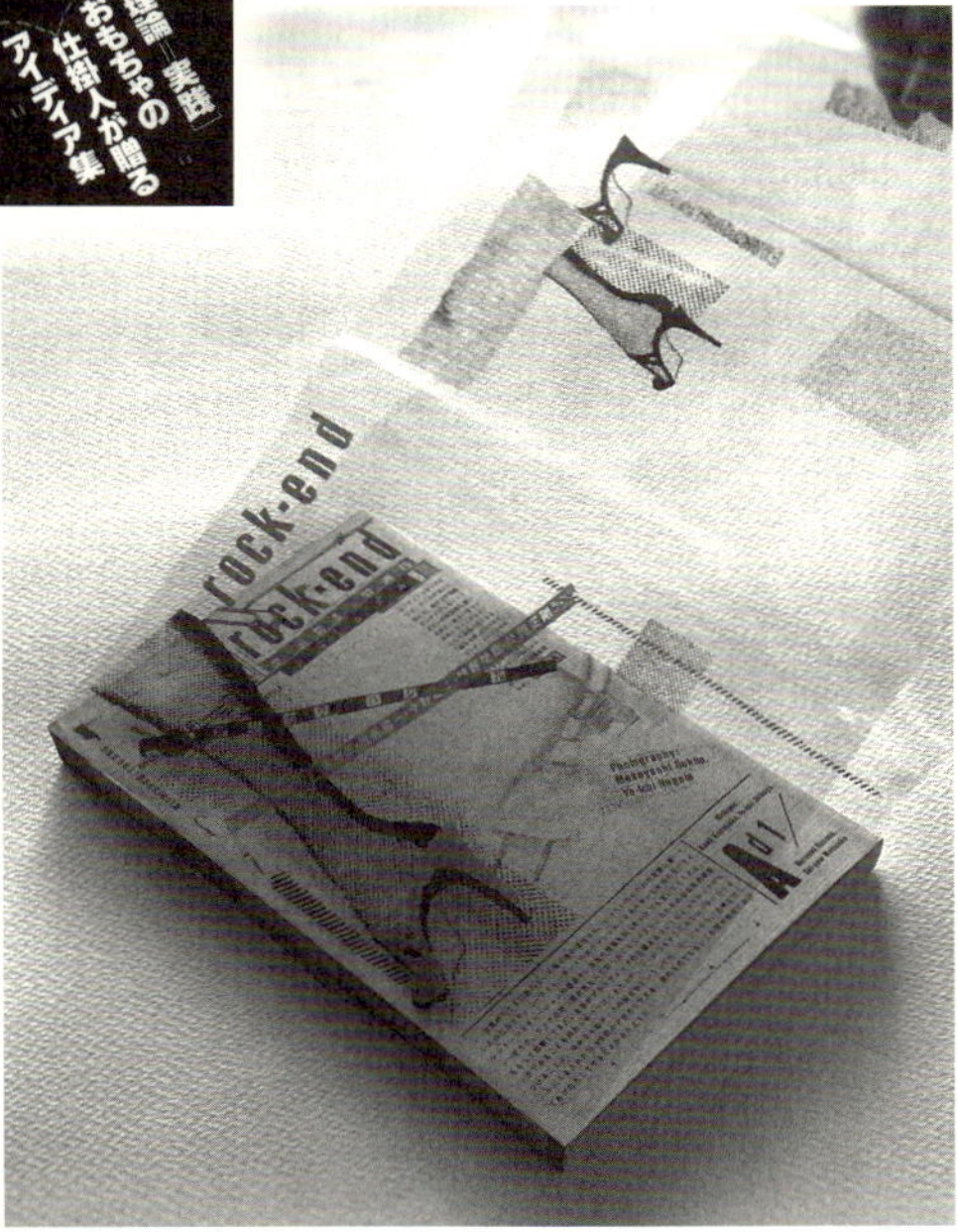

海野幸裕による『遊べる力学』と戸田ツトムによる『rock end』

まず、函かカバーがあって、これは主な目的は保護性にある。丈夫な函、はずれないカバーが理想である。しかし、本の流通機構は函やカバーに新しい目的——宣伝性を要請した。俗に〝腰巻〟と呼ばれる帯も含めて、いまや書店店頭はブック・コスチュームのステージ・ショーの景観だ。岩波書店やみすず書房のように函やカバーの当初の機能を厳守している出版社も少くはない。それもひとつの行き方だ。けれども、一方でレコード・ジャケットにグラフイズムの実験が次々に登場する今日に至っては、本来の保護力さえ失われないのであれば、おもいきったデザインがされるのはやむをえないところであろう。一九七〇年代、杉浦康平がカバー・デザインに「ななめ文字」を導入して以来、カバーはよりいっそうラディカルなデザイン・スペースになってきたようだ。それ以前の改革は、おそらくカッパ・ブックスの実験によっているだろう。一九八〇年は、海野幸裕が見せた「台形カバー」で新しい段階に突入したことを告げた。私も戸田ツトムをわずらわせて、ビニール二枚がけの〝解剖学的カバー〟をつくったことがある。

●——函とカバーの次に本表紙がある。これには丸背や角背や製本上の各種の様式があるが、カバーに較べると店頭にさらされないためか、従来通りの方法が守られてきた。高価な本はおおむねクロス張の型押し文字、並製本では主に紙張りが使われている。以前なら高価本は皮表紙金箔型押しと相場が決っていたが、いまでは辞書の他はほとんど皮革に手を出さなくなった。その本表紙は「本のシンボル・ステージ」である。図書館という「知の考古学」を守護する機構では、函もカバーもはずされて本表紙のまま棚に入れられる。エディトリアル・デザイナーはその点を着目する。本表紙をあけると見返しがあり、その次に本トビラがあっていよいよ本文に続くわけであるが、本がひとつの「知層」であるかぎり、本のイメージはやはり本表紙や見返しにも十全に投影されてよい。それは背表紙にもあてはまる。題名と著者だけが本のメッセージであるわけではないからだ。

11 見返り美人

●——亡くなった観世寿夫さんは「役者を背中で見るのが楽しみだ」と言っていた。三島由紀夫にもそんなセリフがあったようにおもう。田中泯のハイパー・ダンスでは背中こそ表面である。このような「脊柱の重視」は古来このかたヨーガや禅定観に通じていたものだが、私は同じことが本の背にもあてはまると考えている。たかだか一センチ幅の短冊状の縦長宇宙に何を仕込むか、本の背はエディターとデザイナーに魅惑的な真剣勝負を挑んでくる〝垂直の花道〟であろう。いまだに忘れられない背表紙としては、杉浦康平による高橋和巳の『わが解体』があげられよう。

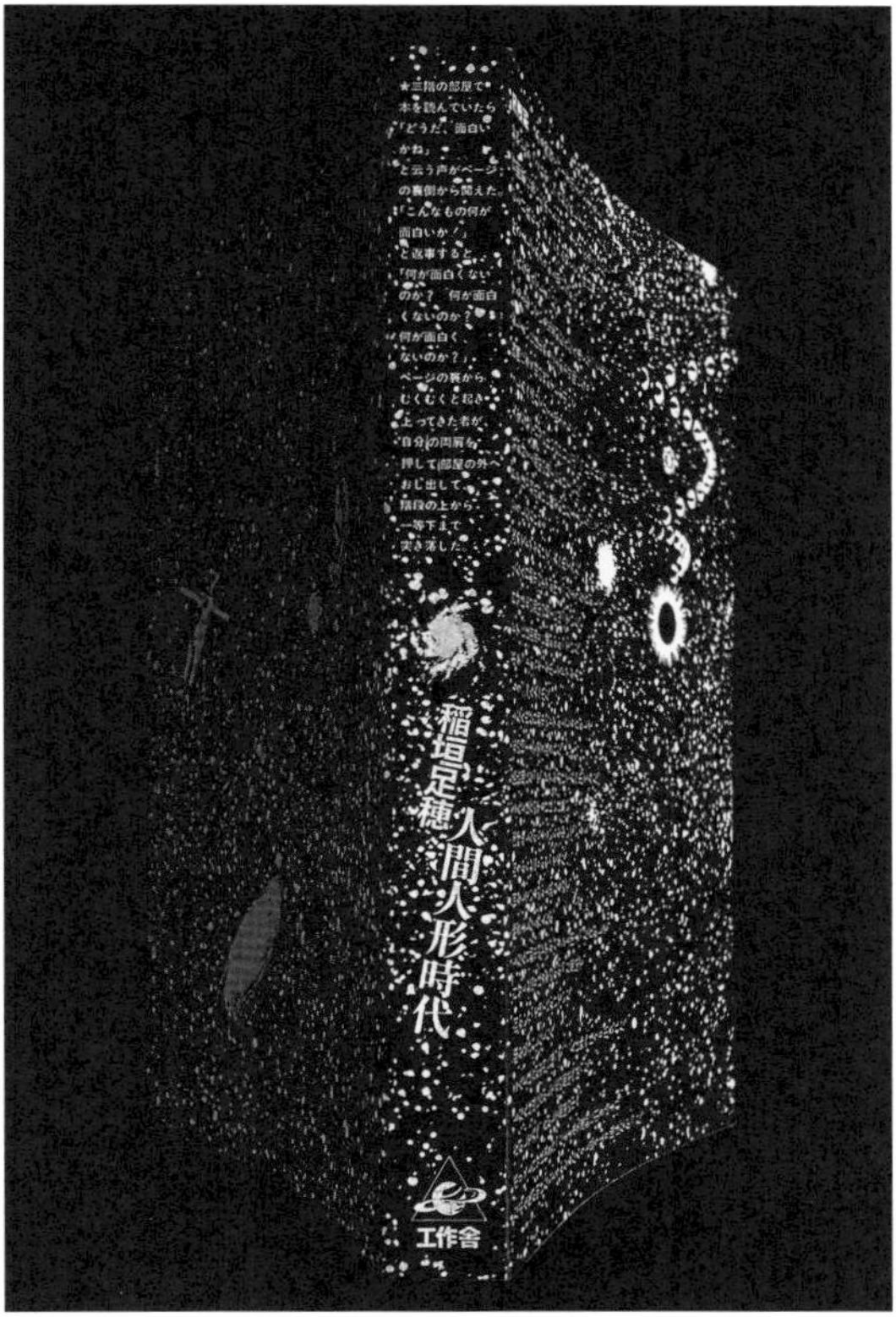

『人間人形時代』本表紙の背面エディトリアル

●——背表紙は書店の棚さしに入った場合は唯一のメッセージ・ステージでもある。タイトルと著者名のみでイメージを伝えるのが困難であることが多いので、最近はサブ・タイトルの他に簡単なヴィジュアル・ポイントやフレーズを入れるケースがふえつつある。私の例で言えば、稲垣足穂『人間人形時代』の背に「三階の部屋で本を読んでいたら」に始まる約百字二十一行のコピーを入れたことがある。

●——見返しは製本上の都合で付加される強化紙を常道とするものの、ブック・コスモスへのアプローチとしては軽んずるべきではない。王朝期に流行した平家納経や久野寺経などの装飾経では、見返しの意匠に大いに美を競ったものだった。いたづらに内容を析出させるのも考えものではあるが、やはりプレリュードとしての趣向を加えたい。もはや西本願寺三十六人集のごとき溜息の出る料紙に恵まれぬ今、せめて洋紙と印刷力とのすぐれた結婚を果すべく、さまざまな〝橋掛り〟が用意されるべきだろう。そんな洋紙を豊富に準備してきた竹尾洋紙店の努力が評価される。

●——見返し……正確には前見返しあるいは前付とも言う……がおわると本トビラがあって、次に目次があらわれるのが一般的進行である。各出版社とも、本トビラには別丁の特殊紙を使うようであるが、私はその意向を見返しから始めるのがいいようにおもう。ただし経験上で言うと、函・カバー、本表紙に次ぐ第三の顔ともいうべき本トビラの位置づけが一番むつかしい。おもいを凝らしすぎると本の品位がトビラによってそこなわれてしまうからだ。門構えが堂々としていても玄関の混乱が家全体の印象を歪ませてしまうようなものかもしれない。私の好みでは、ここは結界をしめるような「場所の告示」のイメージを刻印したいところである。詩集や歌や句の本にみる、白地に活字のみの本トビラは、そういう意味ではいつもながら凛乎とした気配を伝えてくれる。

●――さて、目次は「もう一冊の本」ではあるまいか。目次の問題を抽斗に、少しく本づくりと読書の関係にも触れておきたくなった。

12

目次読書法

●――いつの頃からか、私は「目次読書法」ともいうべき作業を楽しむようになっている。これは、本を買ってきてもすぐに本文には入らずに、しばらく目次ばかりを相手にあれこれを空想することを言う。その本が簡単な目次しか提供していないのならば、その五本か十本かの章タイトルを眺めて、著者の構想をできるかぎり想定してみる。また、『アリストテレス全集』のごとく詳しい目次の本ならば、その展開に沿ってやはり自分なりに一冊の本を仕上げてみる。こうして充分に「空想の一冊」ができあがったところで、おもむろに本文を読むわけであるが、その場合は、今度はかなりおおざっぱに全体を俯瞰するようにし、目次読書によって

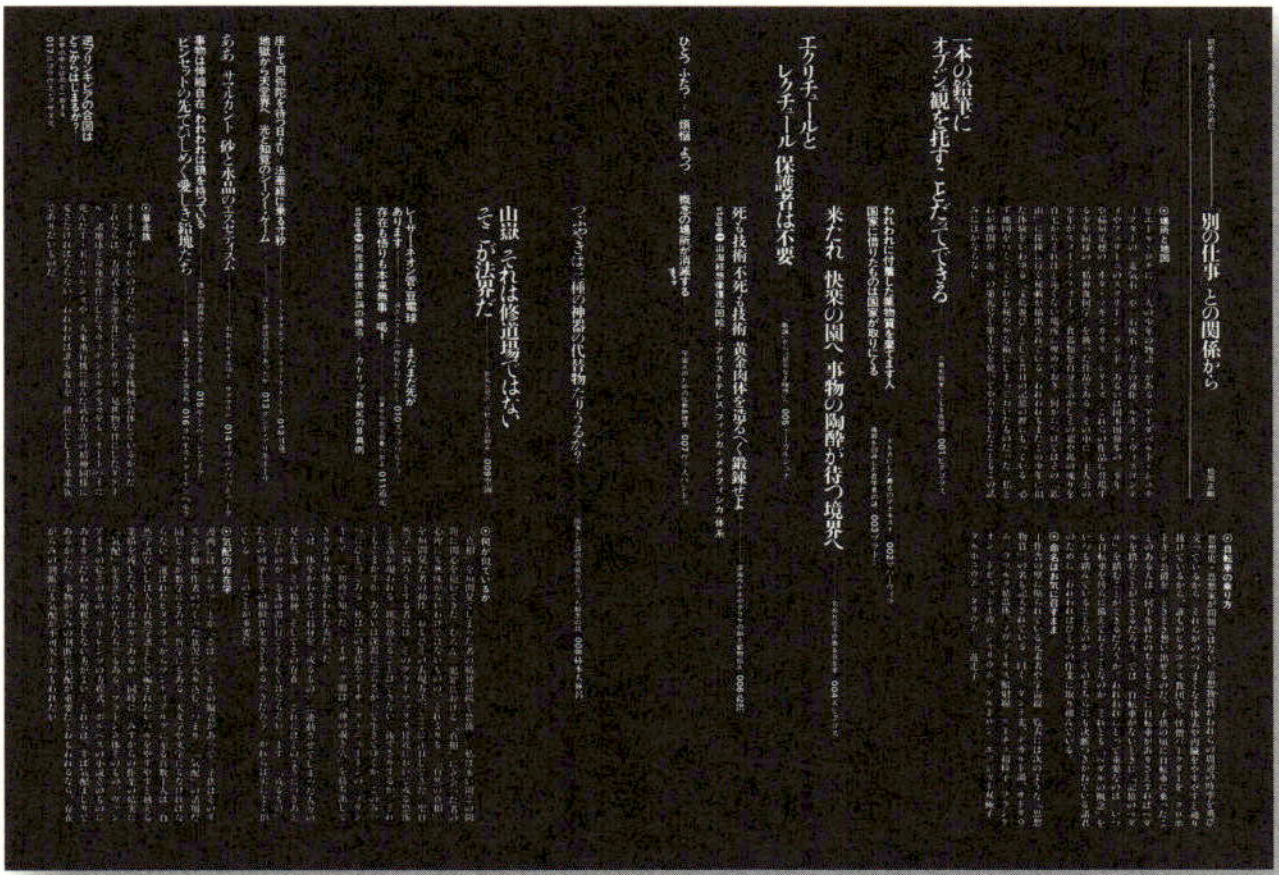

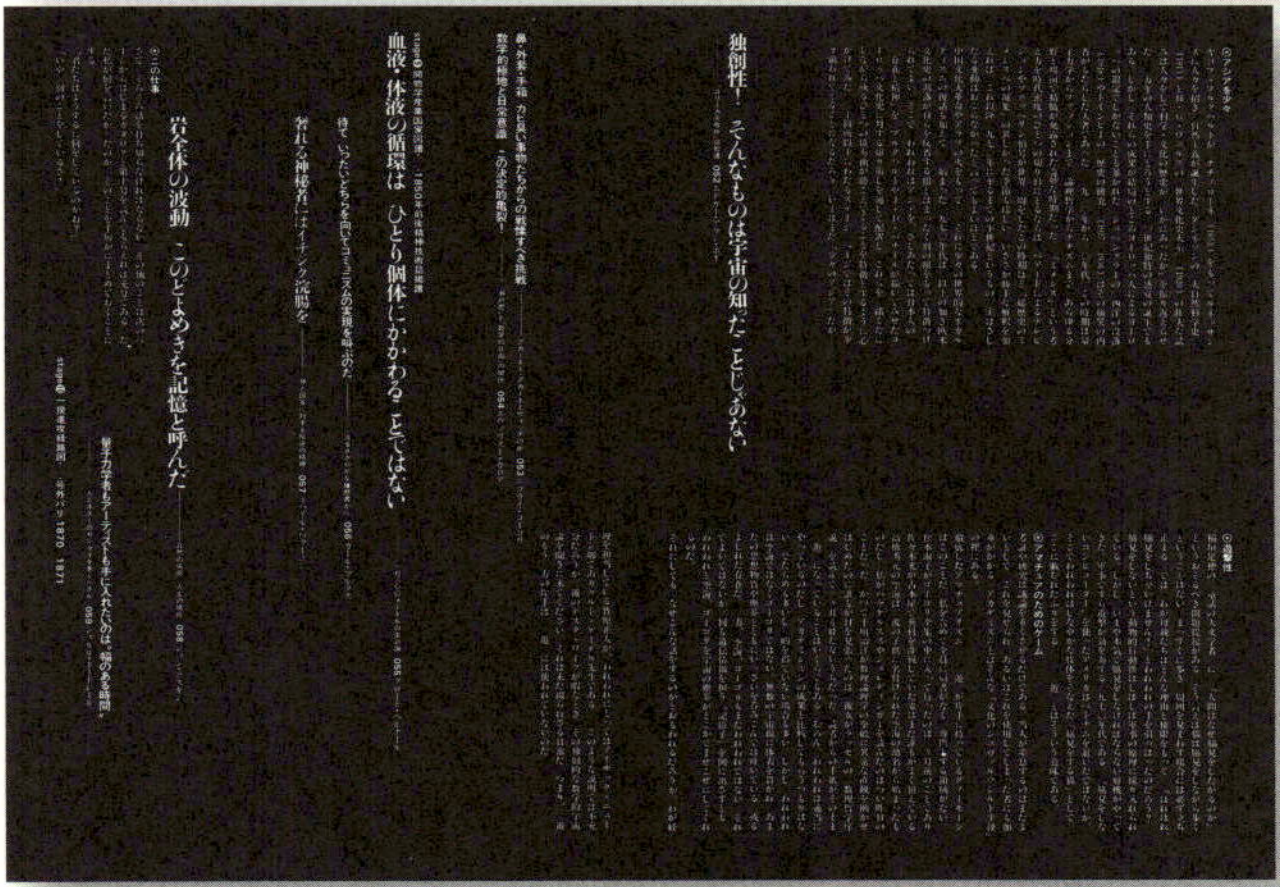

『遊』9・10号「存在と精神の系譜」の目次。並行して掲載されている「『別の仕事』との関係から」は、本書に収録

想像した内容との相違点を点検する。この方法は、著者の論旨の「明」と「無明」をつかむにはかなり有効である。

●——本というものは、言うまでもないことながら一ページずつ進行するという構造の原則をもっている。もちろん飛ばし読みは自由だが、多くの著者は一行ずつ一ページずつ読者が世界に陥入することを期待する。小説などはこの進行に従わないかぎり醍醐味はわからない。しかし、多くの評論やエッセイになると、読者の方も一ページずつ進んでいるうちに自分の思惟作用と著者のあらかじめ仕組んだ思考とが入り混り、すぐれた本ならばそれもまた快感なのであるが、そうでもない本の場合は大変に不鮮明な境遇にさまよってしまいかねない。目次読書はそこに楔を打ちこむためにある。こちらの空想をはるかに上回る内容であるのなら感嘆は大いなるものとなるし、多少の相違点しかないとしても、そのわずかな差が巨大な価値に見えたりもする。

●——このような目次読書をしているせいか、私がつくってきたエディトリアル・オーガニズムでは目次をいきおい大切に扱うことになる。詳しい目次がいいというわけではない。むしろその本にふさわしいエレメンタル・コスモスがディスプレイされるべきである。そのようなエディトリアル・ディスプレイの平均的規準としては岩波新書の努力をあげるべきだろう。岩波新書が先駆的につくりあげた中項目による目次構成と、本文に組みこまれた小項目による中見出し構成はまことに絶妙である。多くの本がこれを追随したのは周知の通りだ。私がつくってきた本の中では『遊』九・十号の十川治江によるコピー・ワークが抜きんでている。以上を一言で言うならば、目次はよき予告篇である、ということだ。これは『ピーターパン』の作者ジェームズ・バリの言葉でもある。

●——目次が終るといよいよ本文がはじまる。内容は千差万別。しかし、ほぼ似通ったところに落着するのが「本文組」と呼ばれている一ページに棲みつくべき文字の配列具合であろう。

13

本文組

●——本とは文字と図と写像による一個の生態層である。何らの法則もなくただ単に文字や図が紙の上に並んでいるのではない。紙は地熱をもった場所であり、文字や図や写像はその場所に棲息する生命である。ただしかれらは自分の意表で動きまわることはできないのだから、生命とは言っても動物というよりも植物的属性に近いということだろう。本は五〇ページとか五〇〇ページとかの紙層の上に繁茂した植物群であるということだ。このように本をおおまかな植物相とみなす考え方は、ゲーテの書物観や当時のドイツの青年たちを魅了した〝アクタ・エルディトルム〟を想い出させるものであるが、さらに起源を探ねれば、パピルス

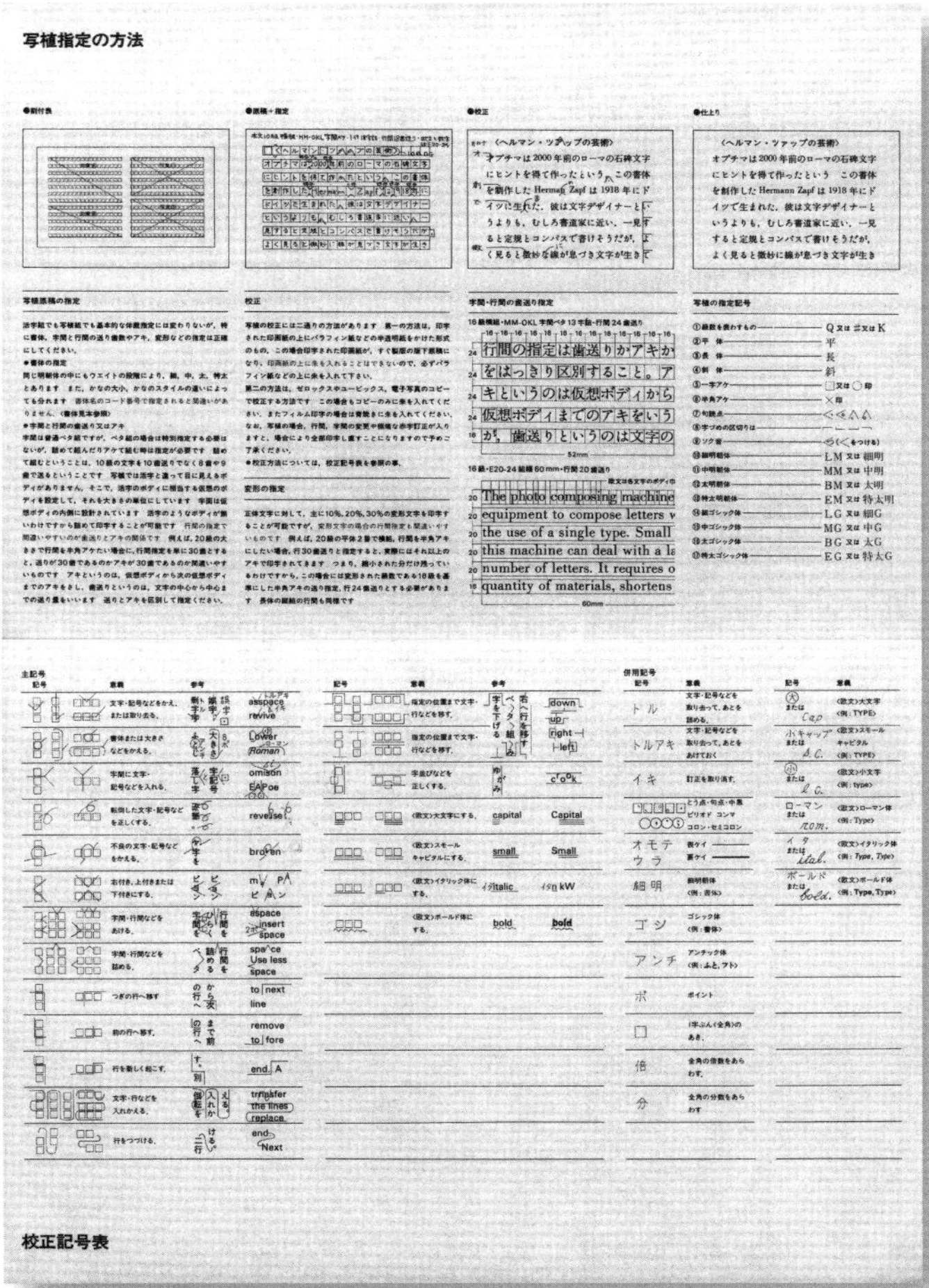

写植指定の方法

●割付表　●原稿＋指定　●校正　●仕上り

〈ヘルマン・ツァップの芸術〉

オプチマは2000年前のローマの石碑文字にヒントを得て作ったという　この書体を創作したHermann Zapfは1918年にドイツで生まれた。彼は文字デザイナーというよりも，むしろ書道家に近い。一見すると定規とコンパスで書けそうだが，よく見ると微妙に線が息づき文字が生き

写植原稿の指定

校正

変形の指定

字間・行間の歯送り指定

行間の指定は歯送りかアキか
をはっきり区別すること。ア
キというのは仮想ボディから
仮想ボディまでのアキをいう
が，歯送りというのは文字の

The photo composing machine
equipment to compose letters w
the use of a single type. Small
this machine can deal with a la
number of letters. It requires o
quantity of materials, shortens

写植の指定記号

主記号

併用記号

校正記号表

杉浦康平による写植の「組見本帳」より。
松岡のデスクにも常備されていた

や葦でつくられた古代文明の植物的原始本までイメージの原基を求めることもできる。また、日本の王朝時代につくられた仮名文字が時に葦手文字を伴った例や、ケルムスコットの植物文様による活版組の例を引き合いに出してもよいかもしれない。いずれにしても、本はすこぶる植物生態に近似する。土壌を充分に肥したところへいくばくかの種をまき、まずはしっかりとした根を張ることを希うといった進行も、いかにもエディトリアル・ワークをおもわせる。花が咲けばありがたいが、せめて天地に垂直に立ちあがる茎や幹をのばしたい。この茎や幹にあたるものが、いわゆる「本文組」だった。

●――本文組のことを一般にはレイアウトとも言っている。一ページに何字詰で何行おさめるか……これが土台つまり土壌になる。しかし私の体験では、本の基本組は必ず見開き単位でレイアウトされるべきであって、ここに右ページと左ページのバランスという非常に重要な本の特性が仕込まれることになるのだが、この左右感覚の問題についてはいささか突込んで触れてみたいので、後にもう一度述べることにする。そこでは本というものがわれわれの生命動向や存在学の本質を見事に反映していたことに気づかされるにちがいない。

●――さて、一般に本文組をするにあたって基本条件となるのは、文字の大きさ（活字《ホット・タイプ》ならポイント数、写真植字《コールド・タイプ》なら級数）と一行の字詰と行間であろう。文字の大きさにもよるが、だいたい一行五〇字以内が可読有効率の限界になる。しかし、さらに重要な条件はタイプフェイスとマージンである。どのような表情の文字を使用するかということと、本の一ページに文字組以外の余白《マージン》がどれほど残せるかということは、本の生き生きとした生態力を示すには大きなファンクションになってくる。これは、日本語が象形文字と音標文字のアソシエーションによって成立していることと大いに関係がある。句集や歌集の本をみればすぐさまわかるように、一ページに一行だけ組まれていても、日本語は雄弁な表情を発揮してくれるからだ。

14

声字実相

●——空海の『声字実相義』に、「五大にみな響きあり。十界に言語を具す。六塵ことごとく文字なり。法身はこれ実相なり」とある。「大日経」入曼荼羅具縁真言品第二の余の頌文を所拠としたものである。なかで「六塵ことごとく文字なり」はいかにも東洋の言霊観念を言い得て、また私のイメージの中の「本」というものを表象して、妙言だ。六塵とは色・声・香・味・触・法のこと、これまた文字のタイプフェイスのさまざまな風格をこしらえるようでふさわしい。そうでなくとも文字というものは、その時代の、その風土の、その人々のあまりに無数の埃や塵を隠しもって息づくものたちである。六塵ことごとく文字であって、文字また

上は、『生命潮流』扉の凸版。活版組による印刷では図版等にこのような亜鉛凸版が用いられる。下は紙型。増刷を前提とする場合、鉛活字の元版そのままでは重く場所もとるため、いったん厚紙に印字して鋳型をつくっておく。増刷時にはこの鋳型に鉛を流し込んで、あらためて印刷版がつくられる

ことごとく風塵である。

●——文字を組む、と言う。そうやって組まれた文字は紙を組織化していることになる。エディトリアル・オーガニズムはまず文字の組織化を大前提とする。文字組織があってはじめて反組織感も超組織感も生まれてくる。ロシア構成主義の寵児エル・リシツキーの大胆な文字組は、むしろわれわれにタイプ・オーガニズムの清烈を告示してくれたものだった。

●——余白（マージン）は文字の環境である。環境という言葉がラウンドなイメージをつくると言うのなら、もっと端的に「方境である」と言ってもよい。もともと一冊の本はそれ自体が方形の結界であり、その一頁がまた方形の結界の断層になっている。三方を断裁機で断ち落されて、本は中央（ノド）で綴られた何十、何百、何千頁かの断面（小口）を見せる。文字たちはこの小口に囲まれた方境の結界を生涯の棲息地とする。うまく棲ませてやらなければならない。

●——文字と用紙との婚姻を司るのがインクである。ここには印圧という重要な本づくりのファンクションがひそむ。手近な活版印刷の本を開いてよくよく眺めてみればわかるように、活字の文字は紙の上にのっかっているのではなく、くいこんでいるものだ。この「くいこみ具合」を印圧と言う。あまりくいこみが強いと裏うつりをおこしてしまうが、浅すぎる印圧も文字の生態力が根づいていないようで心もとない。しかし、十全なくいこみが完遂されるには、実は用紙の厚味や紙質の方が問題になってくる。近頃、やたらに化学漂白が進んで、ちょっとした紙では風味のある印圧を受けられなくなってしまったのは残念なことである。

●——文字と余白の関係が決まれば、次は行間を決定する。これは本の内容やタイプフェイスの大きさや特徴によって異るので基本ルールを決めにくいのだが、おおむね、「全角アキ」か「二分アキ」が採用されることが多い。一行分活字が並んで、次の一行分があく。これが全角アキである。

15 両観音

●——ふつう本文を組む前に組見本というものがつくられる。いわゆるレイアウト・パターンであるが、これをフォーマットと呼んでいる。工作舎で作成するフォーマットはつねに見開き単位である。これは一冊の本の基本単位を見開きという「一対のステージ」でとらえているためだ。したがって一ページは「片ページ」ということになり、ある独立した要素が与えられることになる。雑誌をつくる場合にはとくにこのユニット・システムが生きてくる。

●——かつて「本をひもとく」と言った。「繙く」と書いた。これは和綴の本が多かったためであるが、いまはほとんどが「本を開く」になってしまった。「見開き」と

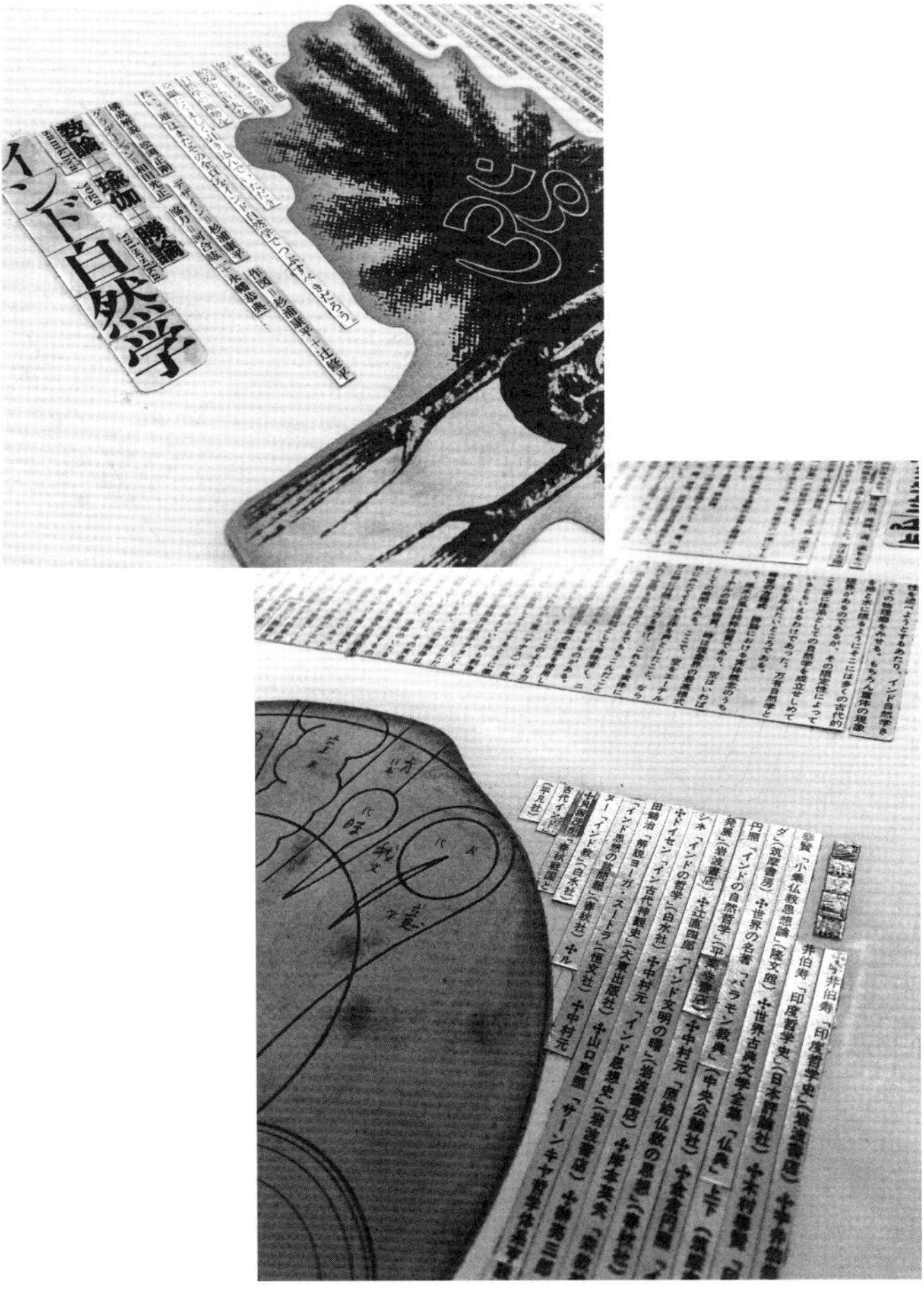

『遊』5号、特集「インド自然学」オフセット・ページの写植版下

はそのような事情を反映する言葉であろう。しかし一方「観音開き」という言葉もあって、これは見開いたページの左右両ページのそれぞれに折り返しがついていることを言う。片ページだけの場合が片観音、両ページの場合を両観音などとも言う。観音菩薩の像を収める厨子の形態から派生した用語であるところからみて、ひょっとして古くから使われていたテクニカル・タームだったのかもしれない。本は仏壇の扉を開くように清浄な気分で読みはじめるべきだというニュアンスもこめられているようだ。

●――たしかに「一冊の本」というものには「一冊の須弥壇」といったおもむきがないではない。中尊こそないものの、前見返しや後見返しは四天王のようであり、各トビラは天蓋めき、見出しや小見出しは十二神将や二十八部衆といったところがある。いや、中尊は本の標題そのものかもしれない。

●――大和は二上山の山麓に当麻寺がある。当麻マンダラで有名な顕密二宗を合体させている寺である。東西二塔の五重塔が揃っているのも当麻寺だけだ。私は住職の子息とともに本堂の当麻マンダラを見たのだが、これは巨大な厨子の中に収められている。いわば本堂の中央に五メートルほどの巨きな「一枚の本」があるような印象を受けた。おそらく、かつて本というものには、そのような荘厳する空間が寄り添っていたのかとおもわせた。

●——いまでも各寺院の片隅には経堂あるいは経蔵と呼ばれる六角形の建物が遺っている。ちょうど人の手が届くあたりに六本のミコシの棒のようなものが突き出ていて、経を読む人は読経の前にこの建物をグルグルと少しずつ廻した。いまで言うならば図書館のような役割の建物であるが、当時は読む前にすでに読書空間に対する畏敬を払っていたわけだ。そしてお堂に入り厨子をあけ、経文を開く。まさしくそこには「文字による観音たち」が開かれたことだろう。フォーマットを見ているとそんなことが偲ばれる時がある。

16

ナリユキ

●——ちょっと余談めくけれど「ナリユキ」という言葉がある。「成行」と書く。『竹取物語』にも「かくて翁やうやうゆたかに成行く」とある。製版印刷指定用語にもナリユキがある。たとえば四〇〇字一枚の原稿を一ページに十六字詰で組むとする。ちゃんと計算すれば何行組になるかわかるのではあるが、こういう場合に「十六字詰左右ナリユキ」などと指定する。また、カット写真を指定する場合にも「天地八〇ミリ左右ナリユキ」と指定する。つまり、タテとヨコの一方だけのオーダーを決めて、他方をナリユキにまかせるという便利な用語である。

●——もともと日本には「ある」と「なる」と「する」の文化が共存しているようなと

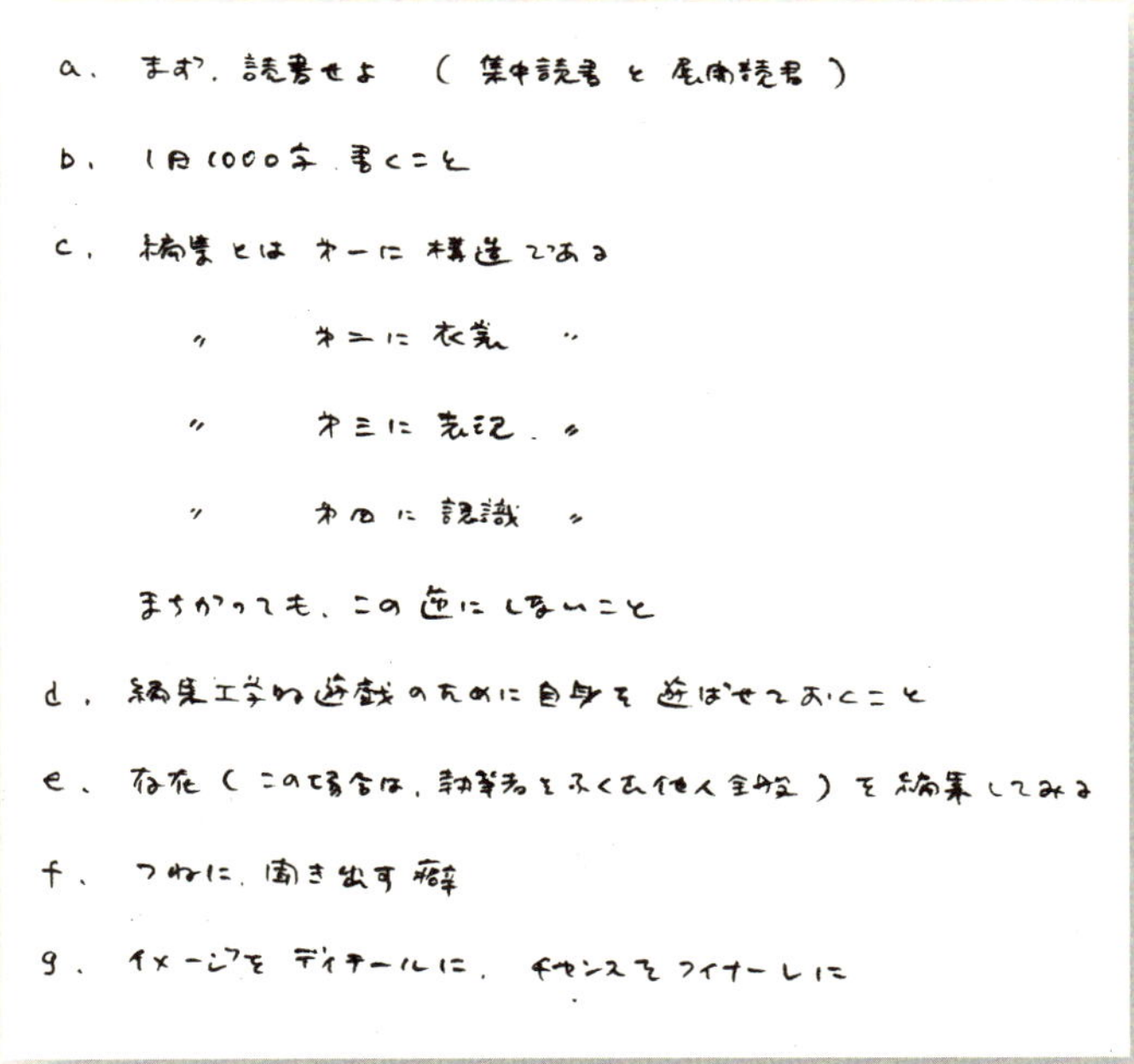
a、まず、読書せよ（集中読書と展開読書）

b、1日1000字書くこと

c、編集とは第一に構造である

〃 第二に衣装 〃

〃 第三に表記 〃

〃 第四に認識 〃

まちがっても、この逆にしないこと

d、編集工学の遊戯のために自身を遊ばせておくこと

e、存在（この場合は、執筆者をふくむ他人全般）を編集してみる

f、つねに、聞き出す癖

g、イメージをディテールに、チャンスをフィナーレに

1978年年頭の工作舎会議のレジュメより「ジャンル別展開のヒント……編集」。この時点ですでに「編集工学」の考え方が出来している

ころがあるのだが、原日本観念として本来から深底に流れているのは「なる」の観念だ。これに対してヨーロッパ思想史の中枢は「ある」の観念でかためられてきた。「する」はどちらかと言えば、洋の東西に共通する近代的観念である。私はこの中では「なる」に一番の関心が向いている。

●――「なる」とは、「背景の抽象的連帯」ということでもある。たとえば川があってそこで魚がよく獲れるとする。古代部族の言葉を調べてみると、こういう場合に「川」「その魚」「獲れる」の三つの単語が同じであることが多い。かれらは三つを区別しようとしない。仮にその魚がアユであるとすれば、その川の名もアユ、「獲る」という動詞もアユになる。つまり、古代人にとってその川の場所へ行くこと自体がそうなってしまうことだったのである。すべてはナリユキの恩寵であるということだ。

●――老荘思想に「無為自然」がある。これは「なすこと」すなわち「する」の否定であり超越であって、ナリユキの醍醐味を教えてくれる。もともと「自然」という言葉自体がナリユキという意味だった。江戸の安藤昌益がこれを「ヒトリスル」と読んだのはなかなかきわどい訓み方だったということだ。ましてnatureを「自然」と訳した明治文化人はかなりの危険を冒しているということだ。「なる」は元来、タオイズムであろう。

●――ナルに「行く」がくっついてナリユキになる。「道」に「行く」がくっつけば「道行」である。このミチユキという言葉も意味がある。近松門左衛門の作品で道行は心中に深く結びついてしまったが、これも元来はタオ（道）の思想と関係があったろう。

●――欧米のデザイン・システムが導入されて、巷間からは次第にナリユキ指定の方法がすたれはじめているようだ。いまはタテ、ヨコを正確に指定する幾何学性が尊ばれる傾向にある。しかし、われわれの内なる「ナリユキのタオ」を忘れるわけにはいかないのではあるまいか。

17

ルビとフリガナ

●――日本語は漢字と平仮名と片仮名で構成されている。科学書や専門書では数字や諸外国文字が使われるが、ほぼ三種類の活字があれば一冊の本ができるのが原則である。この三種類の文字にはそれぞれ明朝体系とゴシック体系があり、今日の日本の出版事情はこれらを組みあわせてできあがっている。ただし、以上はホット・タイプすなわち活版活字による組み方であって、最近ではコールド・タイプすなわち写真植字文字(写植)や電算機による植字が隆盛し、オフセットによる本づくりもかなり多くなってきた。前述したようにコールド・タイプによるオフセット本は、「印圧のコク」を欠いている。

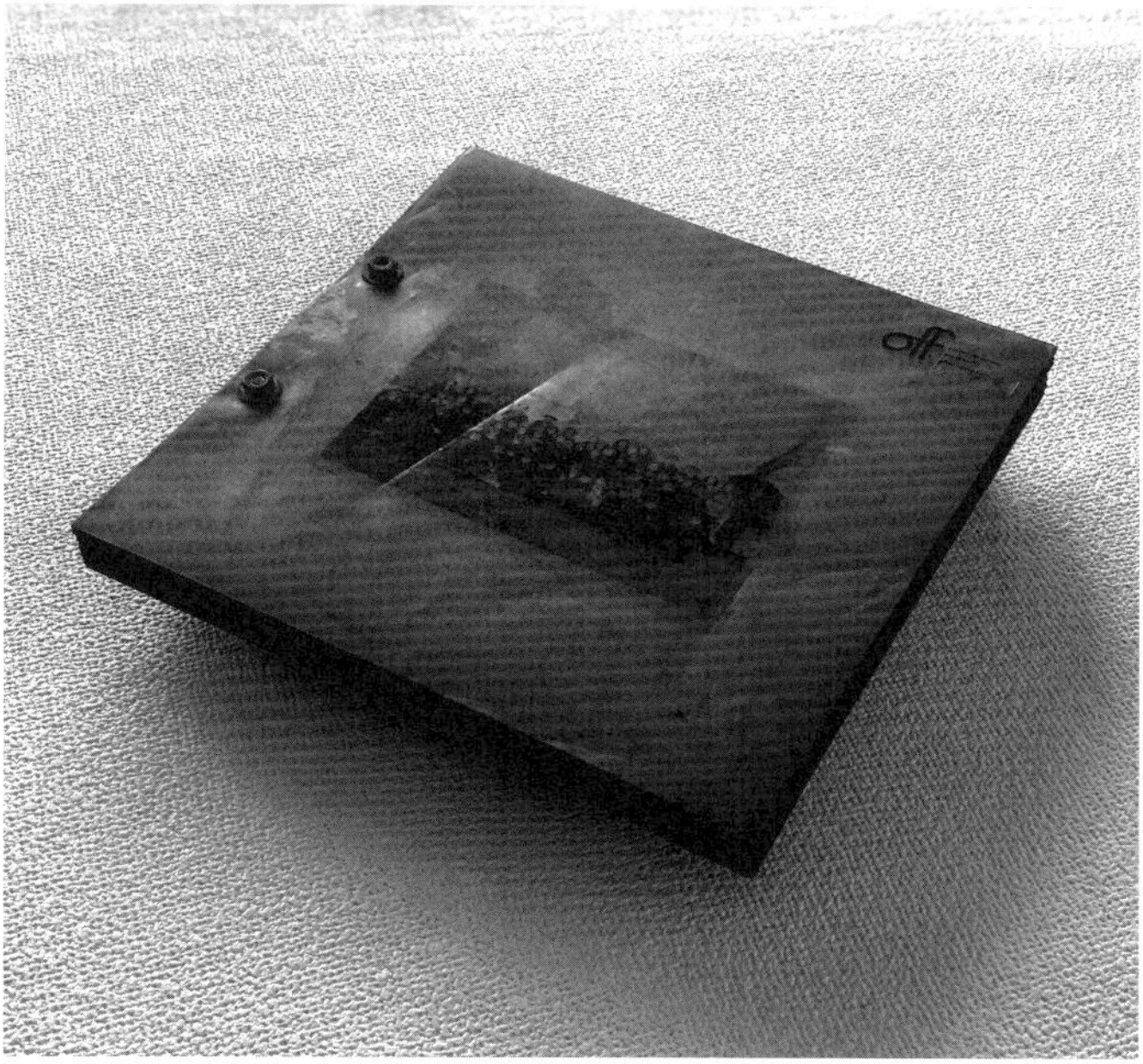

松岡編集による写真誌『off』のオフセット製版フィルムをそのまま綴じた世界でただ1冊の本。デザインは市川英夫

●――ところで日本語の本には世界に誇りうる独得の組み方がある。曲組や装飾組ならばウィリアム・モリスのケルムスコット印刷所でも、世界一のカリグラフィ文化であるイスラム圏でも可能であるが、日本語だけがもっている不思議な特徴がある。それは「ルビ」という奇妙な添加文字ではあるまいか。

●――御承知のようにルビとはフリガナでもある。たとえば「海藻」という漢字が読めない人のために右側に「カイソウ」とふる。「海藻《カイソウ》」となる。また翻訳本でよく見られるのは「現実性」などという訳語のそばに「リアリティ」といった原文にあたる言葉を入れることもある。「現実性《リアリティ》」とあって、また「現実態《アクチュアリティ》」などと区別する。これは考えてみれば大変に便利で不思議な用法だ。世界のすべての組版事情を調べてみないので何とも言えないが、おそらく日本独得の知恵だろう。翻訳文化が発達した一端にはルビの効用もあったにちがいない。

●――しかしルビを「漢字のフリガナ」のレベルに押しこめているのはいかにももったいない。もともとは「ちょっと」とか「きっと」といった漢字にならない日本語があって、それに「一寸」とか「屹度」といった漢字をあてがい、それが読めるようにルビをつけたともおもわれることから類推すると、グラマトロジーあるいは反グラマトロジー上の問題としてもかなり重大な示唆を秘めていると私はふんできた。

●――ルビを日本語による新しいエディトリアル・ワークを広げる〝粋なエレメント〟にするべきだ。私がそのことに気がついたのは十年ほど前に自分の文章で「存在《アリストテレス》から存在学《プラトン》への逆行」と綴ったことにはじまっている。こんな例もあった「神曲《ダンテ》から百科全書《ディドロ》へ」あるいは「場所《なわばり》と結界《ひもろぎ》」……。このような用法は言語の内外に去来する多義性を同時に出現させるのにはうってつけである。われわれはオモイをこめる民族だ。その複雑なアンビギュイティこそが本質である場合もある。次に私の試みた〝ルビ文〟を紹介したい。

18 ルビズム宣言

●――以下に試みたふたつの文章は、日本語におけるルビの効用を最大限に拡張し、いわば「ルビズム」といった偏見をあえて謳歌しようとするためのものであるので、内容や文章にはあまり考慮を払っていない。

●――最近《ちかごろ》、言霊《コトダマ》に関心をもつ人がふえてきたようだ。言霊《コトダマ》は、もともとは言魂《コト・タマ》であって、つまり魂《タマシヒ》の一種《ファミリー》だとみなされている。中国では魂《コン》は魄《ハク》と並んで一対のスピリチュアル・デーモンをさしているのだが、日本では魄《ハク》はあまり流行《はや》らず、もっぱら魂《タマシヒ》がもてはやされた。雲中に鬼が遊んでいる姿《フェイス》を象形した文字《タイプ・フェイス》が「魂」である。タマシヒのタマは玉《タマ》でもあるから、おそらく日本《わがくに》では球形現象《サーキュレーション》をともなうものと

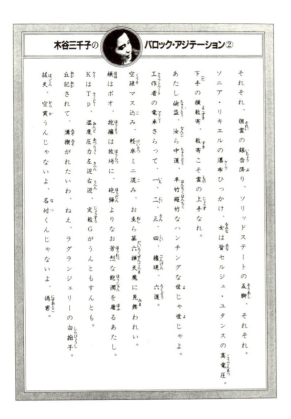

木谷三千子の  バロック・アジテーション②

それそれ、祖霊《それい》の銀杏《いちょう》降《ぶ》り、ソリッドステートの反脚《そりあし》、それそれ。
ソニア・リキエルの瀑布《ケープ》ひっかけ、女《をみな》は皆《みな》セルジュ・ユタンスの高電圧《こうでんあつ》。
下手《へた》の横数寄《よこずき》、数寄《すき》こそ霊《もの》の上手《じょうず》なれ。
あたし偸盗《ちゅうとう》、汝《なんじ》ら中道《ちゅうどう》、半竹斑竹《はんちくはんちく》なハンチングな世《よ》じゃ世《よ》じゃよ。
工作者《クラフトワーク》の電卓《アイシー》さらって、一《いち》、二《にい》、三《さん》、四《しい》、権現《ごんげん》、六道《ろくどう》。
空疎《くうそ》マス込《こ》み、軽卒《けいそう》ミニ混《こ》み、お主《ぬし》ら第六禅天魔《だいろくぜんてんま》に見舞《みま》われい。
頬《ほほ》はポオ、抱擁《ほうよう》は放埒《ほうらつ》に、砲弾《ほうだん》よりなお芳烈《ほうれつ》な飽潤《ほうじゅん》を屠《ほふ》るあたし。
K《ケイ》はTp《ティーピー》、温度《おんど》圧力《あつりょく》左辺《さへん》右辺《うへん》、定数《じょうすう》Gがうんともすんとも。
丘《おか》犯《おか》されて、溝禊《みそみそ》がれたいわ、ねえ、ラグランジェリーの白拍子《しらびょうし》。
抜天《はってん》、空買《からか》うんじゃないよ、名付《なつ》くんじゃないよ、偽男《にせおとこ》。

『遊』で松岡正剛は様々な「名前」を使い分けていた。木谷三千子もその一つ。「ルビズム」の試みでもあり、その正体を知らぬ澁澤龍彦もこの「女性」を高く評価していたして考えられたのだろう。言魂《コトダマ》はそのような魂が音声の振動《バイブレーション》に結びついたものである。そもそも「言葉《ことば》」という言い方に、日本人の言語感覚はよくあらわれている。「言《こと》の葉《は》」とは宇宙的な気配《プラーナ》が樹々の葉をそよがせているという風景《かぜのきざし》をとらえたもので、言語がまず外なる客人《カミ》の信号《サイン》であったことを暗示する。こういったことは何も日本人の独得の考え方《オリジナル・イデア》ではない。ジェイムス・ジョイスやジョン・ケージなども十全《100パーセント》に理解し、かつ表現してきたことである。また、ジャック・デリダの言語根《リゾーム》という考え方にも通じるものがあるだろう。インド言語学者のバルトリハリはこれを「言語の蕾《スポータ》」と呼んでいた——と、まあそんな雑談《ぞうだん》を私は時折《よく》、高橋秀元君と交しては夜をあかす。

●——絶対力学《ニュートン》と相対力学《アインシュタイン》の区別なら誰もが見当をつける。ところがそれと同様に重大だとおもわれる合同《アイデンティティ》なるものと相似《シミラリティ》なるものがしばしば混同《ごっちゃ》にされている。私は主体性《アイデンティティ》というものを信用していない。素粒子に自己同一性《アイデンティティ》がない以上、存在《われわれ》にも一貫性《アイデンティティ》がなくたっていいようにおもわれる。ずいぶん多くの人たちがこのことで苦しんでいると見受けられるからだ。一瞬《ちょっと》似ているだけでもいいではないか。大同小異《いいかげん》という按配の存在学《スピリット》が重視されることがあってもいいではないか。

ちょうど《まったく》同年輩のボルヘスと稲垣足穂はこのこと《シミラリティ》の文学的発見者だった。

●――前にも述べたように、ルビは日本語の多層感覚を蘇えらせるよきコードである。現代文に枕詞や掛り結びがなくなったいま、本物の気配《なんとなく》の結晶化《クリスタル》のためにもルビの復活を期待したい。

19 文字の宇宙

●——ルビの活用とともに約物をもう一度考えなおす必要もある。★や◉、■、※、◆……などの装飾ケイの単位が約物である。これらは主に新聞組版とともに発達し維持されてきたが、単行本や雑誌では二・三の約物を除いてほとんど使われなくなった。もちろんコールド・タイプの急成長も大きな要因であるが、どうも一方で文字組に対する視覚的追求の感覚が衰退しているようにもおもわれる。私は、俗に三行広告欄などと呼ばれている「◎求むアパ八帖浴電台付」とか「▼武夫母心配すすぐ帰れ▲」のたぐいが好きだった。

●——ところで、一般の書籍用活字に較べて、新聞用活字は各社とも偏平になっ

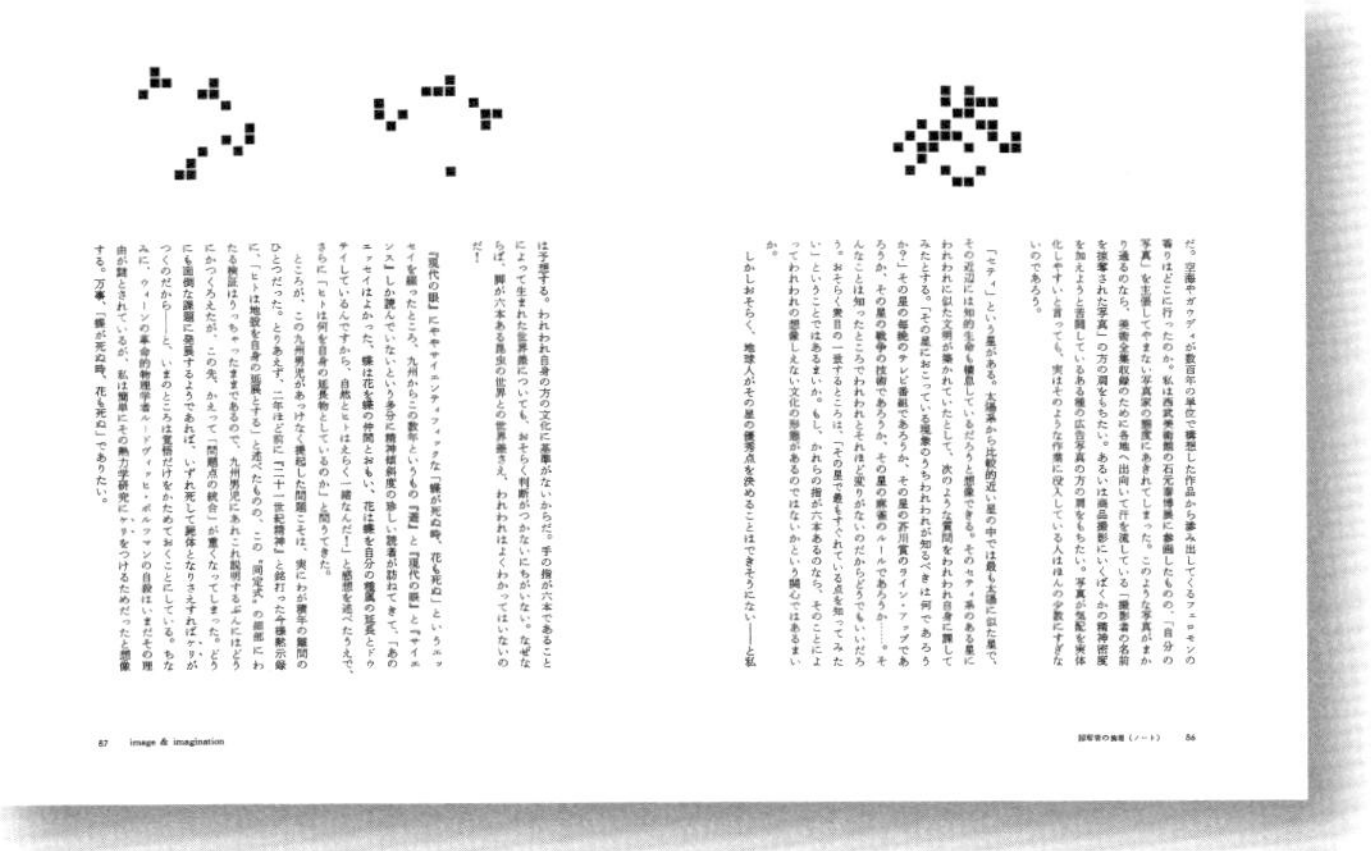

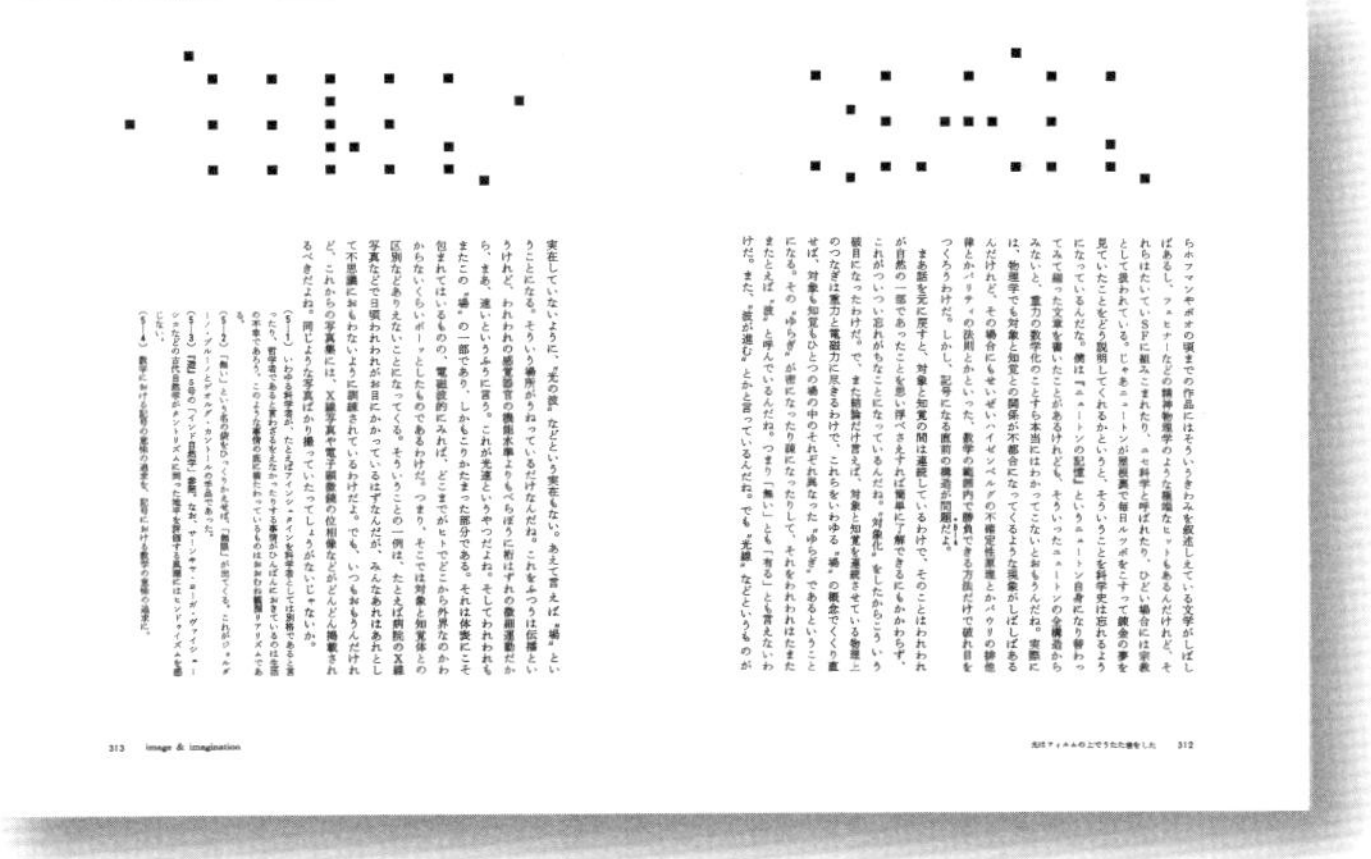

松岡は自著『眼の劇場』で上段全編を通じて
「約物アクロバット」を展開した

ている。エディターやジャーナリストなら誰でも知っていることであるが、一般の読者は気がつきにくい。しかし、新聞紙面の不思議な密度を保証しているのはまさしくこの一個一個の文字の「平べったさ」にある。植草甚一が編集をしていた初期の大判『宝島』では、雑誌にもかかわらずこの偏平新聞活字を使って奇妙な味を出していた。グラフィック・デザイナー羽良多平吉君の仕事だった。偏平活字はどこか稲垣足穂の〈薄板界〉やボリス・ヴィアンふうの〈日々の泡〉をおもわせる。

●――昔の書籍を見ると、句読点が文字組の中央付近に組まれている。句読点にも歴史がある。いまでは誰も句読点が右隅に位置することを疑わないが、私のようなひねくれ者から見るとその必然性がどこにあるのか釈然としない。

●――日本の句読点の最初は「ヲコト点」と呼ばれるものだった。先だって京都国立博物館で『日本書紀』の原本を見たが、そこには小さな赤い丸点が点々と打たれていた。文字の上下左右中央に赤点を打つ。それによってその文字を「〜は」と読むか「〜を」と読むか、あるいは「〜すること」などと読むかがわかるようになる。ヲコト点は判読点でもあった。つまり、一個の点ではあっても、それが文章の主語述語関係の唯一のコードであったのである。

●——漢字はそれ自体が「一字の宇宙」を表象している。だから漢字の上(天)は北に向いている。「犬」という字の「、」は、したがって北東の鬼門に打たれた点である。このように漢字に四方位の神々が棲みついているということは、ヲコト点が本来はそのような方位観や宇宙観と結びついていたことを予想させるし、それはまた、文章の主述関係が天界の現象と大いに関係があったことを推測させる。かつて、文章の主語は必ず天帝であったからである。

●——いまや、主語は電気冷蔵庫でもあるし、インフレでもあるし、パンク・ロッカーでもあるし、何ででもありうる。句読点は単に読みやすさを記すつまらない約束事でしかない。

20

立ち読みと奥付

●――「立ち読みの 背なに感じる 夜寒かな」という母の句がある。一軒だけコウコウとあかりのついている夜の小さな書店の店先で、婦人雑誌かなにかを立ち読みをしている母の姿がおもいうかぶ句だ。この句を知ったのは中学生の頃だったが、それ以来というもの、私はやたらに立ち読みにあこがれた。「立ち読みお断わり」という札がぶらさがっている本屋がまだ多かった頃の話である。

●――本屋さんには申し訳ないが、いや、出版社のはしくれにいる自分がこんなことを言うべきではないのかもしれないが、本を立ち読みするというスリルは、他に類例がないほどにクリエイティヴ・テンションが擦過する行為であるように

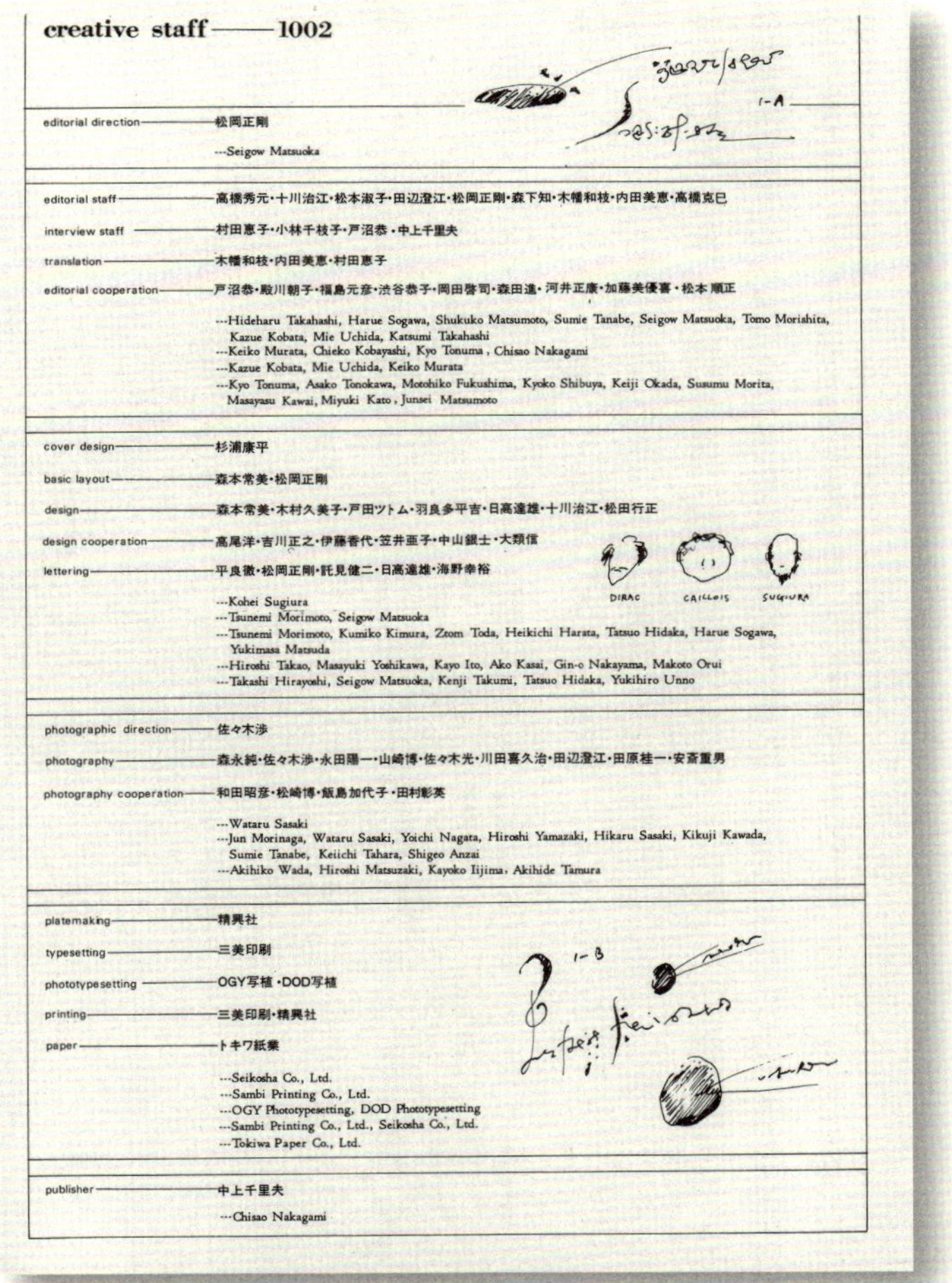
creative staff——1002

editorial direction——松岡正剛

---Seigow Matsuoka

editorial staff——髙橋秀元・十川治江・松本淑子・田辺澄江・松岡正剛・森下知・木幡和枝・内田美恵・髙橋克巳

interview staff——村田恵子・小林千枝子・戸沼恭・中上千里夫

translation——木幡和枝・内田美恵・村田恵子

editorial cooperation——戸沼恭・殿川朝子・福島元彦・渋谷恭子・岡田啓司・森田進・河井正康・加藤美優喜・松本順正

---Hideharu Takahashi, Harue Sogawa, Shukuko Matsumoto, Sumie Tanabe, Seigow Matsuoka, Tomo Morishita, Kazue Kobata, Mie Uchida, Katsumi Takahashi
---Keiko Murata, Chieko Kobayashi, Kyo Tonuma, Chisao Nakagami
---Kazue Kobata, Mie Uchida, Keiko Murata
---Kyo Tonuma, Asako Tonokawa, Motohiko Fukushima, Kyoko Shibuya, Keiji Okada, Susumu Morita, Masayasu Kawai, Miyuki Kato, Junsei Matsumoto

cover design——杉浦康平

basic layout——森本常美・松岡正剛

design——森本常美・木村久美子・戸田ツトム・羽良多平吉・日高達雄・十川治江・松田行正

design cooperation——髙尾洋・吉川正之・伊藤香代・笠井亜子・中山銀士・大類信

lettering——平良徹・松岡正剛・託見健二・日高達雄・海野幸裕

---Kohei Sugiura
---Tsunemi Morimoto, Seigow Matsuoka
---Tsunemi Morimoto, Kumiko Kimura, Ztom Toda, Heikichi Harata, Tatsuo Hidaka, Harue Sogawa, Yukimasa Matsuda
---Hiroshi Takao, Masayuki Yoshikawa, Kayo Ito, Ako Kasai, Gin-o Nakayama, Makoto Orui
---Takashi Hirayoshi, Seigow Matsuoka, Kenji Takumi, Tatsuo Hidaka, Yukihiro Unno

photographic direction——佐々木渉

photography——森永純・佐々木渉・永田陽一・山崎博・佐々木光・川田喜久治・田辺澄江・田原桂一・安斎重男

photography cooperation——和田昭彦・松崎博・飯島加代子・田村彰英

---Wataru Sasaki
---Jun Morinaga, Wataru Sasaki, Yoichi Nagata, Hiroshi Yamazaki, Hikaru Sasaki, Kikuji Kawada, Sumie Tanabe, Keiichi Tahara, Shigeo Anzai
---Akihiko Wada, Hiroshi Matsuzaki, Kayoko Iijima, Akihide Tamura

platemaking——精興社

typesetting——三美印刷

phototypesetting——OGY写植・DOD写植

printing——三美印刷・精興社

paper——トキワ紙業

---Seikosha Co., Ltd.
---Sambi Printing Co., Ltd.
---OGY Phototypesetting, DOD Phototypesetting
---Sambi Printing Co., Ltd., Seikosha Co., Ltd.
---Tokiwa Paper Co., Ltd.

publisher——中上千里夫

---Chisao Nakagami

『遊』1002号の制作スタッフ・ページ。
第II期『遊』では「奥」付ではなく巻頭に掲載された。
イラストレーションも松岡による

おもわれる。たとえば一時間ほど本屋さんにいるとして、おそらく十冊は立ち読みで済ましてしまう人が多いのではあるまいか。人は誰れしも本屋では速読の天才になっている。まして最初に目次を読む癖のある私にとっては、立ち読みは実にぴったりとした、最大の読書時間になっているのかもしれない。

●――立ち読みをしないまでも、本屋の店頭でパラパラと本をめくるという行為には、永遠なるもののお尻にちょっと触ってみるといった少年形而上学の魔法が棲んでいる。これは本というものが玩具的であるということ、読書が視姦的本質をもっているということ、また「ちょっと読む」ということがおせち料理のツマミ喰いに似たゼイタクをもっていることなどによるのだろう。

●――ところで、そのようにパラパラと立ち読みするときに、きまって奥付《おくづけ》を見るのが多くの人の習慣であるようだ。奥付は、著者名、発行日、出版社名などがカコミの中にただ並んでいるだけの味気のないものではあるが、新書などのように著者の略歴が入っていたり、近頃ではブック・デザイナーの名前が入ったりしていて、そこを見なければわからない情報も待っている。以前、「学習参考書の買い方」という記事に、まず奥付を見てその本が何版何刷になっているのかをチェックしなさい。版数刷数の多い本はそれだけ先輩たちが愛用した証拠だから云々……という説明を読んだ。奥付は「本の年輪」でもあるのだ。

●――私は、今後の本は奥付をもっと重視すべきであるとおもっている。工作舎の本では、エディトリアル・デザイナーの名前はむろん、エディターの名も記すようにしたのだが、このほかにもまるで映画のスタッフ・キャストのインデックスのようにいろいろの「本づくり屋さん」が並んでもいいとおもっている。エディターや写植オペレターが裏方でありつづけることはない。また人の名ばかりでなく、用紙の種類、エディターの一言感想、何らかの告示・各種データがあってもいい。立ち読みの楽しみがまたふえようというものだ。

21 頁と丁合

●——あるところで黒板に「頁」という一字を書いて、訓み方を尋ねたことがある。全員が予想通り「ページ」と訓んだ。中国漢字の訓み方にpageという英語しかあてはまらないのはおかしいね、と言うと、その大学生が半分以上を占める連中もはじめて考えこんでしまった。

●——「頁」はケツと訓む。人がひざまずいて頭を腰より下にたれている象形文字からきている。転じて「頭」を意味する文字である。項、頂、頓、領、額、顔、顕などはそのようなトップ・イメージの言葉だ。一方、頁の字は、預とか順とか類とかの文字となって、序列をあらわす言葉をつくる。そこからいわゆるpage

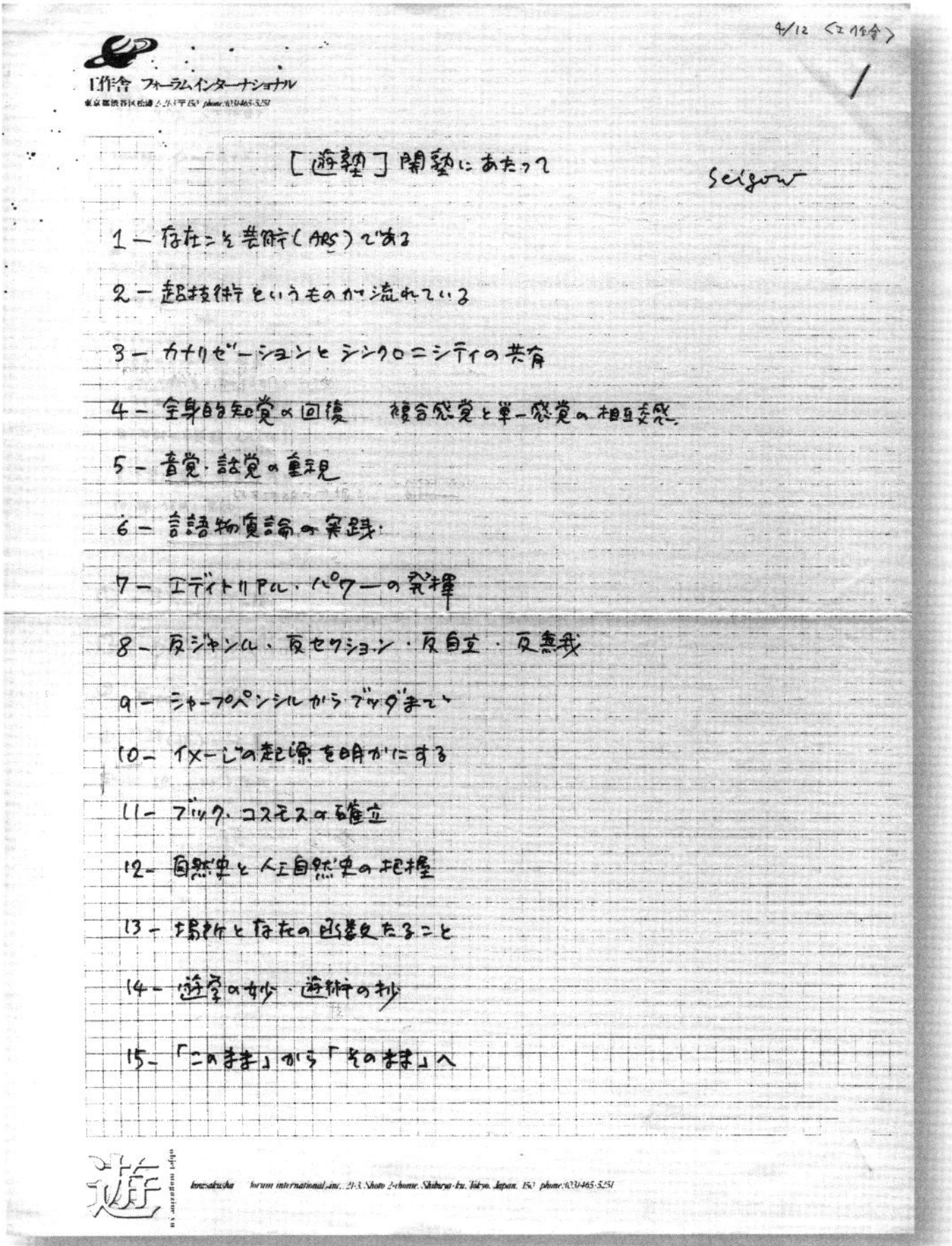

工作舎 フォーラムインターナショナル
東京都渋谷区松濤2-21-3 〒150 phone(03)465-5251

4/12 〈工作舎〉

［遊塾］開塾にあたって

Seigow

1— 存在こそ芸術(ARS)である
2— 超技術というものが流れている
3— カナリゼーションとシンクロニシティの共有
4— 全身的知覚の回復　複合感覚と単一感覚の相互交感
5— 音覚・話覚の重視
6— 言語物質論の実践
7— エディトリアル・パワーの発揮
8— 反ジャンル・反セクション・反自立・反無我
9— シャープペンシルからブッダまで
10— イメージの起源を明かにする
11— ブック・コスモスの確立
12— 自然史と人工自然史の把握
13— 場所と存在の函数たること
14— 遊学の妙・遊術の抄
15— 「このまま」から「そのまま」へ

遊 objet magazine yu
kousakusha forum international,inc. 21-3,Shoto 2-chome,Shibuya-ku,Tokyo,Japan.150 phone(03)465-5251

1979年4月に開塾した松岡正剛主宰の編集塾「遊塾」の
冒頭に配布されたレジュメ

の意味が派生してくる。ところが、私の調べ方が足りないせいだろうが、この「頁」が日本の本のどのへんから登場してくるのかがわからない。おそらくは、紙の和本がつくられる以前にもっぱら流通していた竹や木による木簡の時代に、これを揃えて一組にするにあたって、そのアタマ数を勘定するため「頁」の呼び名を使ったのだろうが、これはあくまでも推測だ。

●──ふつう、page のことを「ノンブル」と言っている。エディターや印刷屋は、どういうわけだかみんなフランス語の「ノンブル」(英語の number)を使う。大和綴の和本では、ノンブルにあたる言葉は「頁」ではなく「丁《ちょう》」である。「丁」をあわせることは「丁合《ちょうあい》」と言って、これはいまでも製本用語の基本単位になっている。「丁」はその形どおり釘を横から見た象形だ。紙をあわせてノンブルを繰るときの姿そのものが「丁合」という言葉に生きているようだ。ちょっとおもしろいことに、「丁」には丁半のサイコロで知られるように、偶数という意味がある。豆腐などでも一丁といえばダブルサイズのことになる。おそらく、袋綴《ふくろとじ》の中国本や和本が紙を木口《こぐち》で折り返して一枚と数えるところから「丁」の呼び名が出たのではなかろうか。

●──現代の本ではノンブルはほぼ両脇につくようになっているが、和綴本では必ずノド——本の中央・綴じた部分——に入れていた。これは読者の便宜をはかったものではなく、製本のうえでまちがわないようにするためである。今日でも、本を解体してみるとわかるが、各ページの綴じこみの余白にその本の題名や折数《おりすう》——本文用紙は八ページないしは一六ページ単位で折られる——が刷りこまれている。小さい頃、これを発見した時には、なんだか秘密の暗号を見つけたような気がしたものだった

●——さて、このような日本の本の仕上り以前のさまざまな仕組について、もう少し突っこんでおきたいとおもう。昭和二十七年の恩地孝四郎の名著『本の美術』もあることだ。本には想像以上の文化技術がつめこまれている。

22 本日の本

●――本当、本番、本然、本分、本日、本源、本論、本望、本質、本意、本案、本有、本営、本科、本懐、本格、本願、本館、本学、本件、本源、本国、本気、本山、本社、本領、本来、本屋、本文、本命、本名、本身、本丸、本末、本舗、本編、本舞台、本部、本場所、本箱、本場、本能、本音、本店、本題、本朝、本隊、本心、本陣、本数、本草、本尊、本職、本気、本性、本所、本州、本式、本旨、本紀、本拠、本業、本局、本家、本署、本因坊、本院、本紙、本地垂迹、本城、本体、本訴、本生譚、本人、本邸……まだまだあるだろうがざっと「本」の意義を知るには充分だろう。

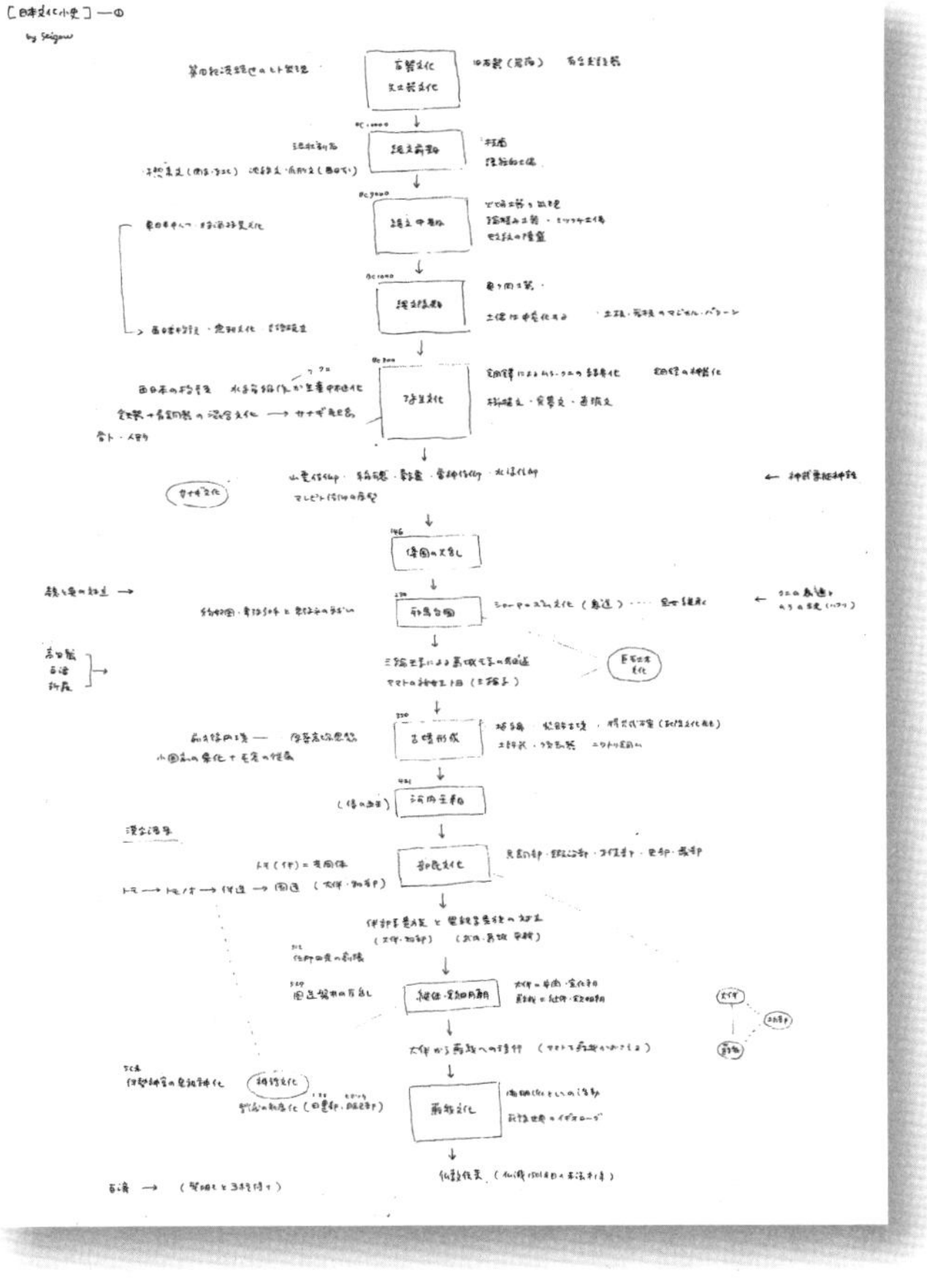

『アート・ジャパネスク』（講談社、1982－1984）の編集準備のためのレジュメより。
全18巻で刊行された『アート・ジャパネスク』は、当初64巻で構想されていた

●——一方、いわゆる書籍としての「本」に関する用語も少くない。たとえば次の通り——。赤本、異本、色本、絵本、折本、見本、書き本、貸本、基本、脚本、教本、古本、黒本、稿本、猥本、和本、洋本、歴本、雰本、類本、読本、訳本、木本、教則本、稿本、校本、写本、模本、丸本、好色本、単行本、拓本、刷本、合本、秘本、副本、複本、美本、謄本、定本、手本、唐本、洒落本、草本、文庫本、円本、台本、新本、春本、絹本、経本、人情本、製本、訳本、標本、籐本、書き本、ぞっき本、抄本、装本、蔵本、人情本、院本、浄瑠璃本、残本、返本、珍本、ビニール本、豆本、レコード本、印本、手沢本、献本、袖珍本、粉本、正本……。

●——「本」という言葉にはさまざまな意味が含まれている。まず書物という意味がある。この他に根本とか本質といった使い方をする「もと」というイメージがある。この「もと」というイメージから派生して、本日、本事件、本官といったふうに、「この」とか「自分の」とか「当の」という意味をもつ。この類例はおびただしい。また、本舞台とか本式とかのように「主な」とか「正式」のニュアンスをもつ使い方も少くない。さらに助数詞として「一本、二本、三本……」と使う。これはおそらく植物のことを本草というように、草木を数えたことに淵源するのだろう。

●——このようにみてくると、「本」にはさまざまな意味があるようでいて、やはりひとつの共通したフィジカル・イメージがあるようにおもわれてくる。それを一言であらわすのは難義だが、おおむね「基本」という熟語に象徴されるようだ。ベーシックなもの、単位の基礎になるもの。中心に位置するもの、だいたいそんなところだろう。

●——いま、書物としての本は必ずしもベーシックな単位を構成するものではなくなってしまった。むしろありとあらゆるもの、なにもかもが本でありうることになってしまった。本になってないジャンルやテーマを見つけだす方がむずかしい。本は本当に本格を狙うことがなくなり、本来の本義を失ってしまったようだ。

23

本の神殿

●——キット・ウィリアムズの『マスカレード』は世界中の子供たち大人たちをひとつの謎解きに巻きこんだ絵本である。謎解きを主題にした本は、ミステリーをはじめ五万とあるが、本自体を謎にしようとした本はあまりない。『マスカレード』（邦題『仮面舞踏会』）はキット・ウイリアムズの精妙な絵の力によって、これをうまくなしとげている。日本ならば滝沢馬琴の『南総里見八犬伝』というあたりだ。

●——かつて本は謎であり、謎解きそのものだったろう。私は「本におけるエジプト性」というものに著しく関心をもつ者であるが、古代エジプト王朝にとって、聖刻文字で記された〝葦の本〟はそれ自体が「神秘の誕生」だったはずである。こ

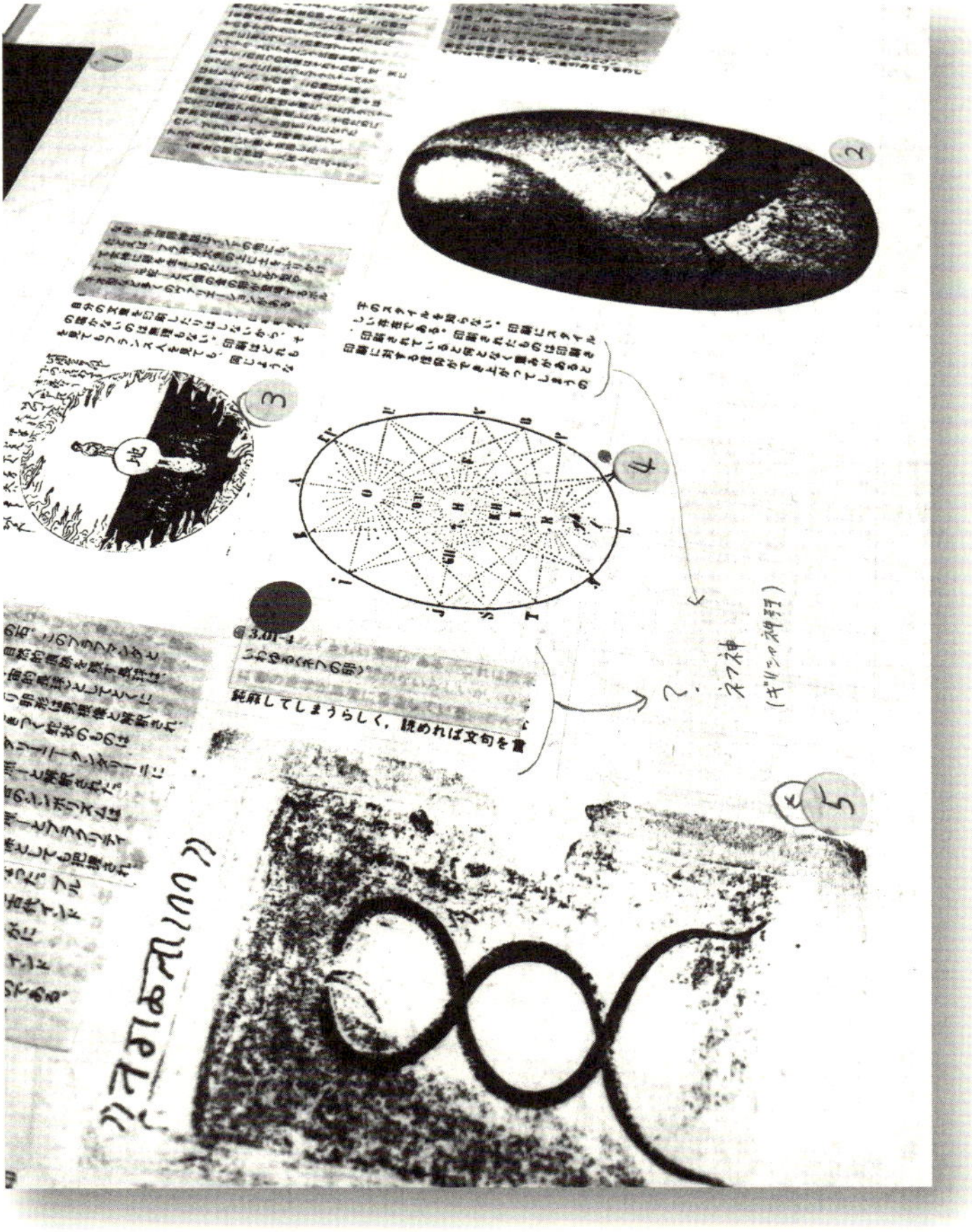

杉浦康平＋松岡正剛『ヴィジュアル・コミュニケーション』(講談社、1976)制作プロセス。
杉浦によるデザイン・ダミーに沿って松岡がダミーの文字量に合わせてテキストを作成

のような伝統はやっと十六、七世紀のドイツやイギリスに復興した。ロバート・フラッド、ジョン・ディ、アタナシウス・キルヒャー、ライプニッツらはそのような「本来」の再現に賭けた本格派であった。

●——一九六五年四月、ダビデが南北イスラエルを統一して三千数百年後のエルサレムの地に、新しい神殿が誕生した。建築者はエンドレス・シアターの設計者フレデリック・キースラー、神殿の名は〈本の神殿〉と名づけられた。そしてこの二〇世紀の神殿にはベトウィンの一人の少年が発見した「死海文書」が収められた。直径八〇フィート以上の巨大パラボラ・ドームが「死海文書」を守った。純白のパラボラ・ドームに対極して、『二〇〇一年宇宙の旅』に出現したような純黒のモノリス（一石柱）が向いあった。

●——イザヤ書をはじめとする「死海文書」写本はそれ自身が謎である。文字を使うものの記念碑を建ててはならぬという古代イスラエルの戒律の中にあって、文字を越えた文字を記した九七二の写本群「死海文書」は、まさしく「本物」だった。その写本を収めるためにのみ〈本の神殿〉がつくられたということはすこぶる象徴的である。日本ならば何を〈本の神殿〉に収めるだろうか。『古事記』や『日本書紀』か。それとも正倉院がすでに〈本の神殿〉なのか。かりに『古事記』を収める〈本の神殿〉を現代において建造するとして、おそら気の小さな文化人たちはそれを極度のナショナリズムとして反対することだろう。それは『古事記』を主張として解釈するからだ。そうではない。かつて、本は単に謎そのものであったのである。

●――私は本をつくっていて一度も主張しようとしたことはない。送り手であるとおもったことはない。本がまさしくそうであるべくしてあらんとしたそのように、本は本をめざすのである。本は当初より私有されているものではなかった。

24 本と帝王学

●――近頃、西村礼津子『嵯峨本』や増田孝『光悦の手紙』などの研究が進み、はたして本阿弥光悦が嵯峨本にかかわったかどうか、かなり疑問視する説が出ている。嵯峨本が書誌学に登場したのは大正五年の和田維四郎『嵯峨本考』を嚆矢とするが、その後、川瀬一馬『嵯峨本図考』あたりから制作チーフ・ディレクターとして光悦があったとする見解が定着した。それがひっくりかえって、むしろ角倉素庵の単独出版事業であったのではないかということになってきたわけだ。私は光悦びいきだから、天下の絶品である嵯峨本に光悦が少ししかかかわっていないとする説は認めたくはないのだが、つまり光悦は単なるデザイナーではなかったとおも

『全宇宙誌』刷り出し

いたいのだが、それはそれとして、素庵という人物はこの際もっと脚光を浴びてもいいというふうにもおもえてきた。なにしろ林羅山を藤原惺窩に結びつけたほどの出版人だ。

●――嵯峨本で最初に刊行されたもの、今で言えば第一回配本分が『史記』であったことは素庵を論ずるにしても、日本の本づくりのターニング・ポイントを論ずるにあたっても、かなり注目すべきことだとおもわれる。『史記』の「本紀」は帝王の記録であり、その刊行は慶長九年、そして徐々に『伊勢物語』や『徒然草』に移り、光悦独壇場の和歌巻や謡本も配本連打されることになる。つまり素庵は「帝王学」から本の出版を始めたということだ。

●――ナポレオンが本好きだったのは有名である。ロゼッタ・ストーン発見のエピソードで名高いエジプト遠征にあたっては、行進する一日毎に一ページずつ本をつくらせた。「私の辞書には不可能という語はない」というセリフも、言いかえれば、ナポレオンの「帝王学を本にする」という決意と受けとった方がよい。ナポレオンは本を「絶対」とみたのである。角倉素庵はこのような事情をよく見抜いていた出版人だったようだ。私はそんな気がしてならない。

●——今日の日本のように厖大な数の刊行物が巷にあふれている状況では、どんな本も「絶対」として刊行できるわけではない。それどころか私のつくる本などはいつも片隅に押しやられている。また、どの出版社も帝王学的出版物など目もくれなくなった。ナポレオンもいなくなったが、角倉素庵もいなくなった。それはそれでいい。ただ、ここでひとつ考えたいことは、本は出版社のみが功利を目標に刊行するものなのかどうかということだ。本をつくってなりわいを成立させる以上、出版社は商売をしているのはあきらかだ。それは仕方がないだろう。では、それ以外に本をつくって人々に読んでもらう手はないのか、ということである。

杉浦康平と松岡正剛の共同編集作業

初めて『遊』を読む人のために

「別の仕事」との関係から

場所と地図

ピエール・ロチに『一人の少年の物語』がある。アーダベルト・シュティフターの『電気石』や『石灰石』などの連作、ルキノ・ヴィスコンティやフェリーニのスクリーン・ランド、あるいは国木田独歩の『少年』や稲垣足穂の『キタ・マキニカリス』シリーズ、これらの作品に登場する少年同様の〝精神幾何学〟を扱った佳品である。その中に、主人公の少年がスプーン、フォーク、食器類を自分で溶かしその銀や錫の塊りを自宅からそれほど遠くない場所に埋めておき、何かにつけてはその「鉱山」に探検に行く秘戯が描出されている。われわれもまたこの少年に似た体験をいわゆる〝宝島遊び〟として昔日の記憶の裡にもっている。必ず地図をつくってこれを秘やかな箱にしまっておいたものだった。私とわが仲間が『遊』の第九号と第十号を使ってやろうとしたこともこの試みにほかならない。

自転車の乗り方

思想史・思想家が問題ではない。思想物質がわれらの周辺の時空を飛び交っているから、それらがのべつまくなく体表や内臓をやすやすと通り抜けているから、

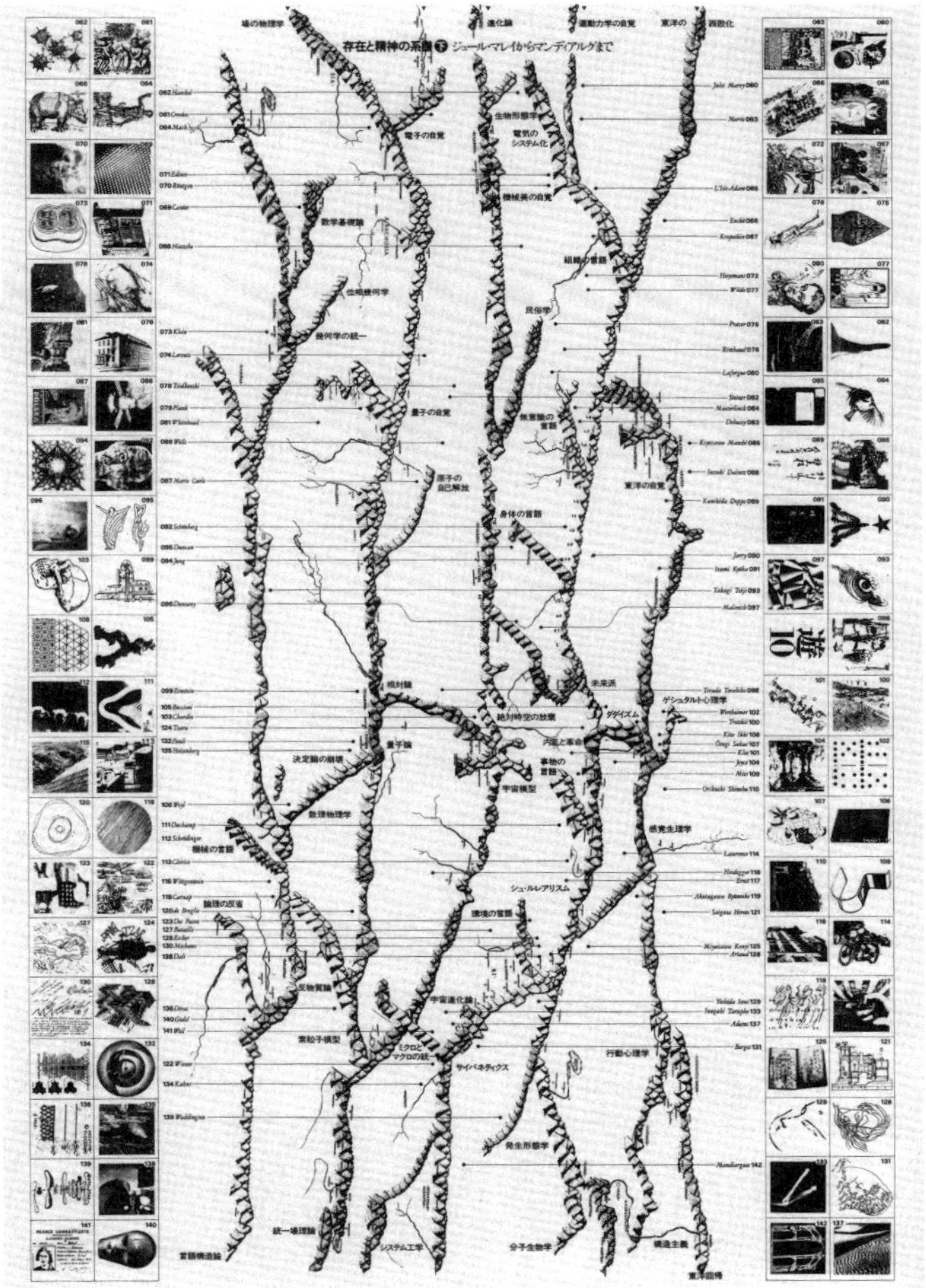

『遊』10号「存在と精神の系譜」本表紙の色校正刷り。「『別の仕事』との関係から」は、「上」(9号)の目次とともに掲載された

誰もがピタゴラス教団を、怪僧バークリーを、クロポトキン公爵を、ときどき想い出せるのだ。子供の頃に自転車に乗ったことのある人は、何十年経たのちでもそこに自転車がありさえすればペダルを踏むことができるだろう。では、自転車がないときに「記憶のペダル」を踏むことができるだろうか。われわれにとって重要なのは、いつも自転車を傍らに備えておくことなのか、それとも「ペダルの概念」をいつも踏んでいることなのか。そのどちらにも決断つきかねている諸君のために、われわれはひとつの作業に取り組んでいる。

命名はお気に召すまま

工作舎の壁に貼られている元素表や宇宙線一覧表には次のような「思想物質」の名も記入されている。曰く、ダンテ光、デカルト渦、サドリウム、ラマルク結晶体、ノヴァーリス輻射線、ニーチェ超粒子、プランケオン、ドビュッシー波、ジャリウム、アルトロン、エッシャー双極子、タルホニウム、ダリウム……遊走子。

暴走族

オートバイがいいのはたった一人の命運と機械が合体しているからだ。それならば、方程式と命運を伴にしたガロア、見世物を伴にしたダゲール、諸地球と命運を伴にしたスウェーデンボルグ等々をも、オートバイに死んだT・E・ロレンスや一人乗飛行機に死んだ武石浩波の精神同様に愛さなければならない。われわれは誰も彼もを一緒にしてしまう暴走族でありたいものだ。

何が似ているか

「真相」を垣間見てしまった者の精神昂揚と恐怖——私は永い間この問題に関心を抱いてきた。むろん、犯罪における「真相」に立会った者の心理にも興味がないわけではないものの、それよりも、「自然の真相」を垣間見た者の動悸、およびその表現方法、ここに注目してきた。聖自然学に到ろうとする者には、そのクライマックス付近において或る恐怖と奈落が現われる。跳び越えることはできない。後ずさりするか、それともごまかすか、あるいは深淵にぶらさがって生きてゆくか、このみっつにひとつである。私はこの事情をアイザック・ニュートンの『プリンキピア』で初めて知った。アイザック卿は「神の覗き穴」を持ち出してぎりぎりの体をかわした方だった。では、体をかわさずに自身を「或るもの」に連動させてしまった人々の見た奈落、その精神、そしてその存在——これにはどのようにつきあえばよいのか。奈落の淵に行こうとしてはならない。まず、「或るもの」たちの列挙とその相似性を突きとめるべきだろう。かれらは実によく似ている——このことが重要だ。

気配の存在学

漫画には「ジワッ」とか「さばっ」とかの擬音があって、子供はそのリズムを軸に作者のつくった状況に入り込む。つまり、「気配」の活用だ。同じことが数学にもあり、哲学にもある。天文学や文学にもなければならない。『遊』九・十号に選ばれたピタゴラスからマンディアルグに至る百数十人は、自然学譜ないしは人工自然学譜として編まれたレベルをやすやすと越える業績を残した人たちばかりであるが、同時に、みずからの作業の結実に「気配」を巻き込んだ人たちでもある。プラトンの立体そのもの、ヴァン・アイクの絵そのもの、ローレンツの方程式そのもの、ボルヘスの小説そのものにあまりこだわった解釈をしない方がよい。そ

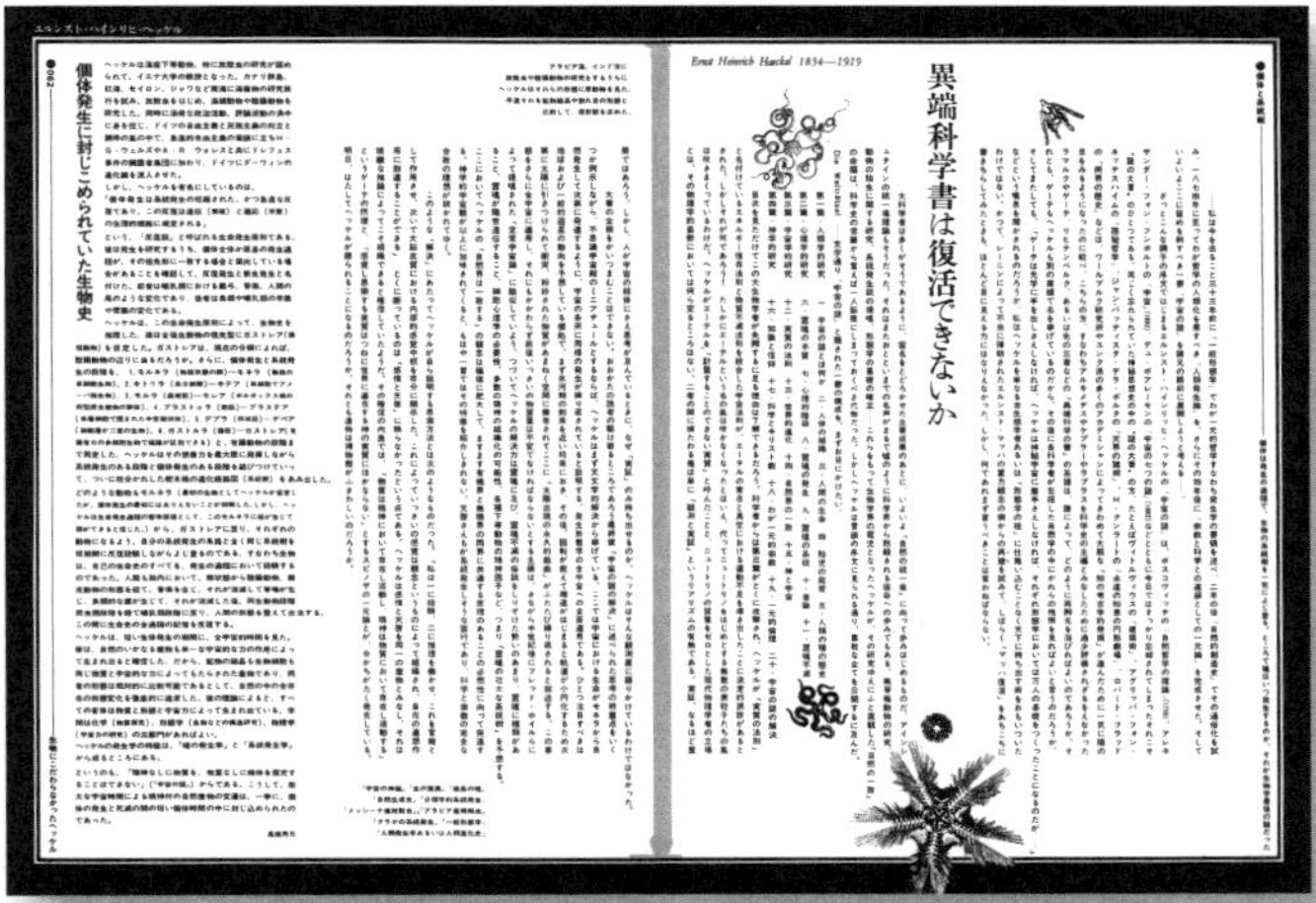

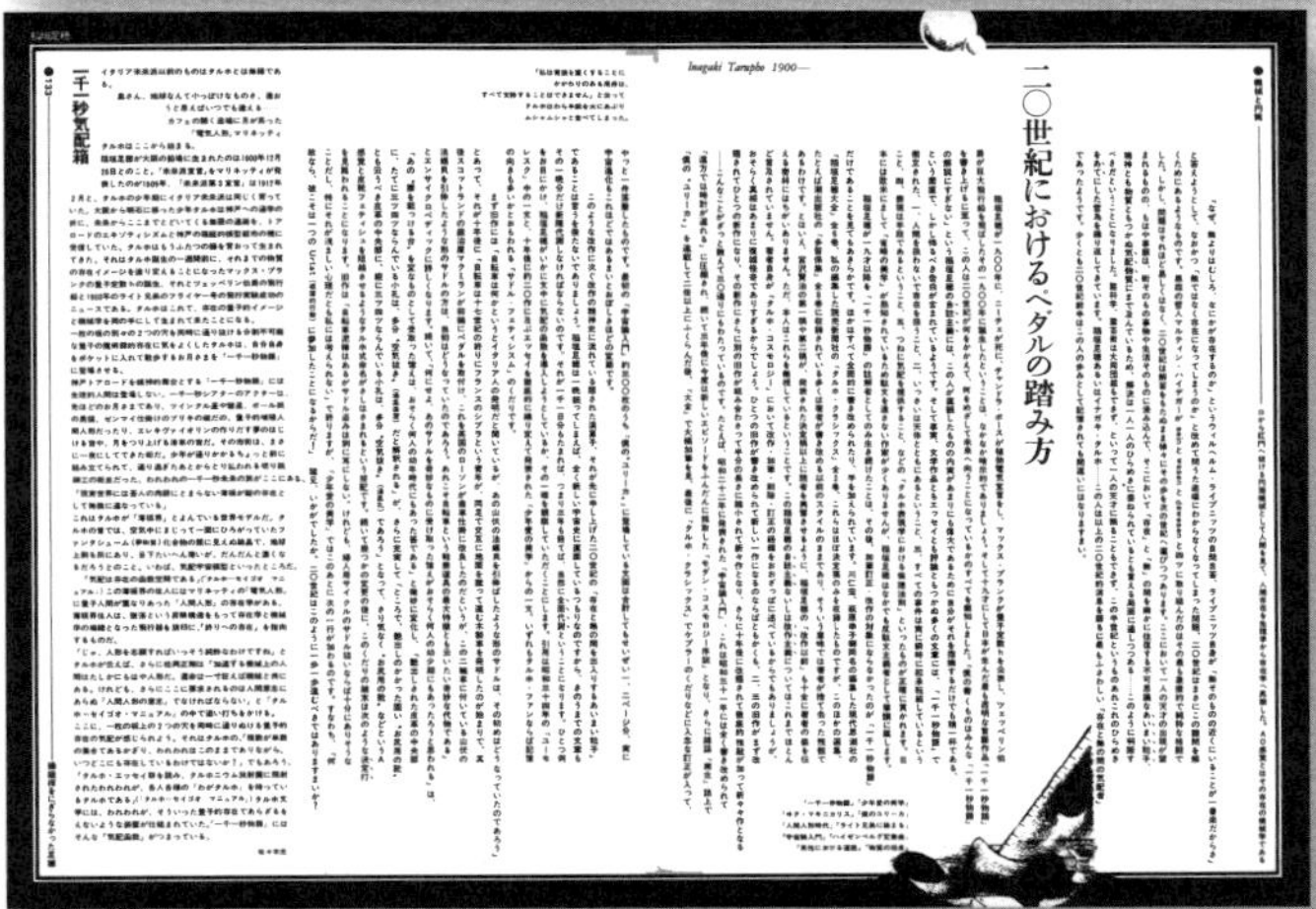

『遊』9・10号「存在と精神の系譜」の本文フォーマット

れらは、半ば気配まじりであるからだ。事物がらみの判断に気配が重要だとおもわれるなら、存在がらみの判断にも気配が不可欠とおもわれたい。

不等式の使用

ピタゴラスよりマンディアルグに至る人選は、これより多くなっても少くなってもかまわない。私個人が一度でも著書ないしは作品にかかわったかどうかをひとつの基準としたまでだ。それでは身勝手だと言うのなら、次の不等式ではいかがなものだろう？

ブッダよりもマハーヴィラ
アリストテレスよりもプラトン
デモクリトスよりもエピクロス
アウグスティヌスよりもナーガルジュナ
紀貫之よりも柿本人麻呂
最澄よりも空海

アヴィケンナよりもスフラワルディ
ガリレオよりもケプラー
スピノザよりもライプニッツ
ロレンス・スターンよりもスウィフト
ヤコブ・ベーメよりもスウェーデンボルグ
荻生徂徠よりも富永仲基
芭蕉よりも蕪村
本居宣長よりも三浦梅園
黙阿弥よりも南北
ジャン・パウルよりもノヴァーリス
カントよりもショーペンハウエル
バルザックよりもアンデルセン
ドストエフスキーよりもゴーゴリ
オイラーよりもガロア
フーリエよりもバクーニン

ランボオよりもボードレール
トルストイよりもクロポトキン
キルケゴールよりもニーチェ
デデキントよりもクライン
ワーズワースよりもラフォルグ
ラッセルよりもホワイトヘッド
モーパッサンよりもメーテルリンク
ジュール・ヴェルヌよりもウェルズ
鷗外よりも独歩
荷風よりも鏡花
チャペックよりもジャリ
フロイトよりもユング
ジイドよりもダンセーニ
プルーストよりもジョイス
ムンクよりもボッチョーニ

ボーアよりもシュレディンガー
柳田国男よりも折口信夫
朔太郎よりも龍之介
啄木よりも賢治
フォークナーよりもドス・パソス
ピカソよりもダリ
高村光太郎よりも吉田一穂
ブランショよりもミショー
佐藤春夫よりも稲垣足穂
チョムスキーよりもゲーデル
ロブ＝グリエよりもマンディアルグ

「私」を消す方法

『二十一世紀精神』において、私は「絶対少年」ないしは「絶対老人」の立場からの発言を守ろうとした。それは今でも変らない。次は、ヒトにあらざる「絶対事物」

から〝都市化しつつある地球〟を眺望してみたい。しかしその前に、「私」と「私であらざる者」との境界をなくしておかなければならなかった。

彼の噂

彼であることはなく、彼でないことはなく、その両者であることもなく、その両者でないこともない――これはヴァスバンドゥと並ぶ古代インドの哲人ナーガルジュナの〝四句否定〟にならって、私の基本的な考え方を言ってみたものだ。自動販売機からカナダ・ドライをとりだしたことのある都会量子派の諸君には、こんなふうに申し上げればよいだろうか。「シャープペンシルの芯であるべきがボールペンになってしまうという日常の不可思議な脈絡にも見当らぬもの、さっき路上に拾った光るものが今頭上に光った当のものであるかどうか決定できないもの、すなわち〝それさ！〟にも〝そうじゃないさ！〟にも属さないもの、そんなものをふと街の突きあたりに見出すことがあるとすれば、彼はその突きあたりからやって来た或る者だと言うしかないではないか！」

洒落

自然を知ろうとするか、さもなくば自然を知ろうとしないか——とどのつまり、われわれの「存在の特色」はほとんどこの両型に属している。かりに前者がホワイトヘッドであるならば後者はディラック、前者がノヴァーリスならば後者はボードレールだ。知ろうとするも知ろうとしないもどちらでもいいじゃないか、と言える禅僧、ダダイストたちですら、実は前者から後者を窺っている。誰だって自然を拒否できない。もっともそこが何とも洒落ている。

聖自然学

九十一歳の野尻抱影翁がこう言った、「君、五十歳以下はヒトじゃないよ!」ではわれわれが今していること、これは何なのか——このことこそわが偽らざる今日の宿題だ。そこでこんな考えに走りたくなるときもある。いずれ知識も経験も肉体も何もかもが役に立たなくなって、それこそ「自然のリズム」に同化されてしまうのならば、今日のたった今においてであれ、いっさいを消費してしまったって惜しくはないではないか、われわれは何をぐずぐずしているのか——。物理学者ボルツマンはなぜ自殺をしたのか——。

しかし、もう一歩突っ込んで考えるなら、われわれの空しい成長もまた「自然のリズム」の裡にある。これを拒んだところで仕方がない。むしろ問題は、「自然のリズム」とおぼしきが実は「抑制された半自然のリズム」であったり「超過しようとする半人工のリズム」であったりするこの現状にある。自身を司る原動力がひとり「自然」であるはずはない。それは言うならば「聖自然」なのではあるまいか。遠くゾロアスターがおもいに耽った内実、われわれはそれらを伽藍にとどめることなく、白日のもとでひからびさせることなく、いわば半導体セレンやネオンの人工作用にのせて新たに語り直さなければならないのではあるまいか。それでも、「君、五十歳以下はヒトじゃないよ」であるならば、逆にわれわれこそこう主張するつもりだ、「耄碌こそニルヴァーナなり！　自覚された耄碌は年齢を超えるにちがいない！」

ページの中の時計

「時間」を綴るのは難しい。これに較べれば「空間」の描出のための努力はずいぶ

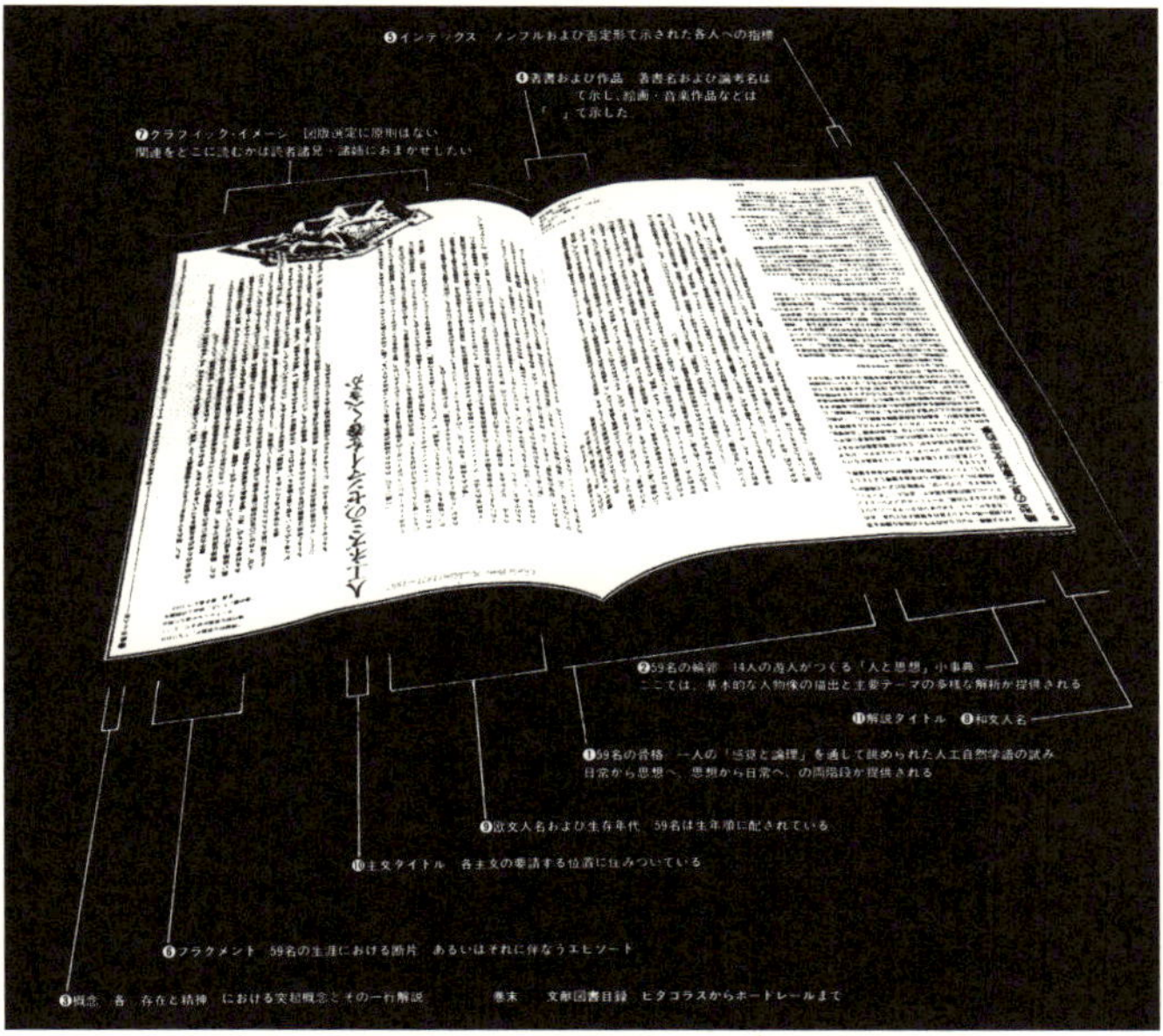

『遊』9・10号「存在と精神の系譜」の基本編集構造

んと払われてきた。たとえばM・C・エッシャー一人のオランダにおける作業によってどれほど「空間」が自在になりうるか、われわれは大いに恩恵を受けたものだった。では、アラン・ロブ＝グリエのペン・カメラやJ・G・バラードの手腕、あるいはジョン・ケージの音によって「時間」はあたふたと姿を変えてくれただろうか。国際時間学会の物理学者や哲学者がわれわれを「時間」から自由にしてくれただろうか。

おそらく、まず「時間という概念」の打ちこわしから着手しなければなるまい。われわれが〝幅のある時間〟や〝時間のエッシャー〟を志すのなら、まずその戦闘から片付けなければならない。時間の可逆性を数式に採り込みたい数学者が「数式の左から右、上から下への絶対的進行」に疑念をさしはさまないでどうするか？　時間よ止まれと謳う詩人がスタンザの古典的進行を守っていてどうするか？　われわれはピタゴラスからマンディアルグに至る進行が決して時間的ではないと主張するにはどうすればよいのか、いろいろ考えあぐねた。

内容を円環にする？　夾雑物をさしはさむ？　カードにする？　いや、それとも街に出て一斉に話しはじめる？　いずれも試みられるべきであり、すでに少数の勇敢なる人々によって挑戦されてきた。しかし、われわれは「九分の糞真面目と一分の冗談」をもってモットーとする者だ。ページの中にいくつかの進み方のちがう〝時計〟を仕込むこと――結論はこうなった。一方で文字による表現方法に進み具合の誤差を与え、他方で視覚性による「一分の余り」を出すこと、そんな計画にした。こうして、私と戸田ツトムの共案した不思議なフォーマットにみんなが少しづつ大小の時計を置いてみた。ネジの巻き方の悪いところは、諸兄に巻いてもらうより他はない。それでも気にいらないというのなら、おあとは「亜時間」がよろしいようで……。

別の仕事

古代とは「国家＝理念」、中世とは「国家＝観念」、近世とは「国家＝理性」、近代とは「国家＝機械」、そして現代とは「国家＝自我」。一度も国家が夢であったためしはない。理論であったためしもない。しかし、こんな図式にもそろそろ倦いた。「反国家」にもそれほどの魅力はない。プラトンの失敗がその両方をよく証す。われわれはこの問題については後日を期することにした。その代り、毎日の大半を別の仕事で費すことにしているまでだ。『遊』ばかりやっていて何が「国家」であるものか！

歴史と感覚

ビートルズとコルトレーンはわれわれを変えただろうか。あるいはリチャード・アベドンとデヴィッド・ボウイは感覚の定理をくつがえし、われわれが自然と人工を見ようとする眼に変更を強要しただろうか。多くの若者たちは自分の前世代の歴史を調べて、そのあまりの急激な変化を知って、次のように結論するにちがいない。「おれたちはおれたちだ、歴史なんて知らないよ」

このような〝新旧〟に関する問題に新しい解決を与えるには、自然の悠久や宇宙のリズム、相変らず人は死すべきものであること、やがて諸君も変るであろうこと——こんなことを持ち出しても役には立たない。「君はどんな夢をみているか」この質問で充分である。われわれは、ペトラルカの夢、ユング博士の夢、泥棒ジュネの夢に変らぬ夢を今宵もまたみるはずなのだから——。いや、そんなことも必要ないのかもしれない。すでにわがアパートの隣人の中学生は、私とのキャッチボールの合い間にこう言ったものだ、「マイ・コンが答えられないこと知ってる?」

アジアを少々

ヤコブ・ブルクハルトが『チチェローネ』(1855)をもってルネッサンスに人々を招き、自然主義が誕生した。ダンネマンの『大自然科学史』(1913)とH・G・ウェルズの『世界文化史大系』(1920)の壮大な試みは人々をして科学・文化の歴史が「いかにあったか」を振り返らせた。一万年の人類史を手にとろうとする二〇世紀独特の感覚の誕生でもある。しかし、それらの成果が結局のところヨーロッパの限定でしかないことも暴かれた。シュペングラーの『西洋の没落』(1918)やトインビーの『歴史の研究』(1934-1961)はその痛哭の内省がもたらした大著であった。一九二〇年から三〇年代、この時期は量子力学からファッションまで、論理哲学からナチズムまで、あらゆる分野と場面で精髄が発露された奇妙な時期だった。「ミメシス」という考え方を時代密度のひとつの切り口にとるならば、ベアードによるテレビジョンやツェッペリン伯号が世界一周をしたこの時期ほど「歴史のミメシスへの凝集」の甚しかった季節も珍しい。いささか勝手な解釈を加えれば、これ以降一九七〇年に至るまでの半世紀というもの、実はさしたる変動はおこらなかったと言ってもよいほどである。

中国文化大革命やアラブの火をもって――それに少々の世界的なオカルティスムの復活も加えて――始まった一九七〇年代は、以上の如き欧米文化史の凋落が自らを反省する眼とはまったく別の眼をもって特徴づけられてよい。そこで、われわれはアジアを、さしあたっては日本人の、「存在と精神」をブルクハルトやJ・D・バナールが描いてみせたヨーロッパ文化史に対する切り崩しを通して配置し、これらを一緒くたにしながら或るひとつの協奏曲が聴こえてくることを特徴とするように心がけてみた。二十箇所以上にわたるステージ・ページではその特徴が少々顕われてくることになるだろう。いまはまだ「少々のアジア」だが……。

遊撃性

稲垣足穂の『童話の天文学者』に、「人間はなぜ脇見をしたがるのか」というおそるべき問題提起がある。そう言えば猫は脇見をしながら歩くということはない。

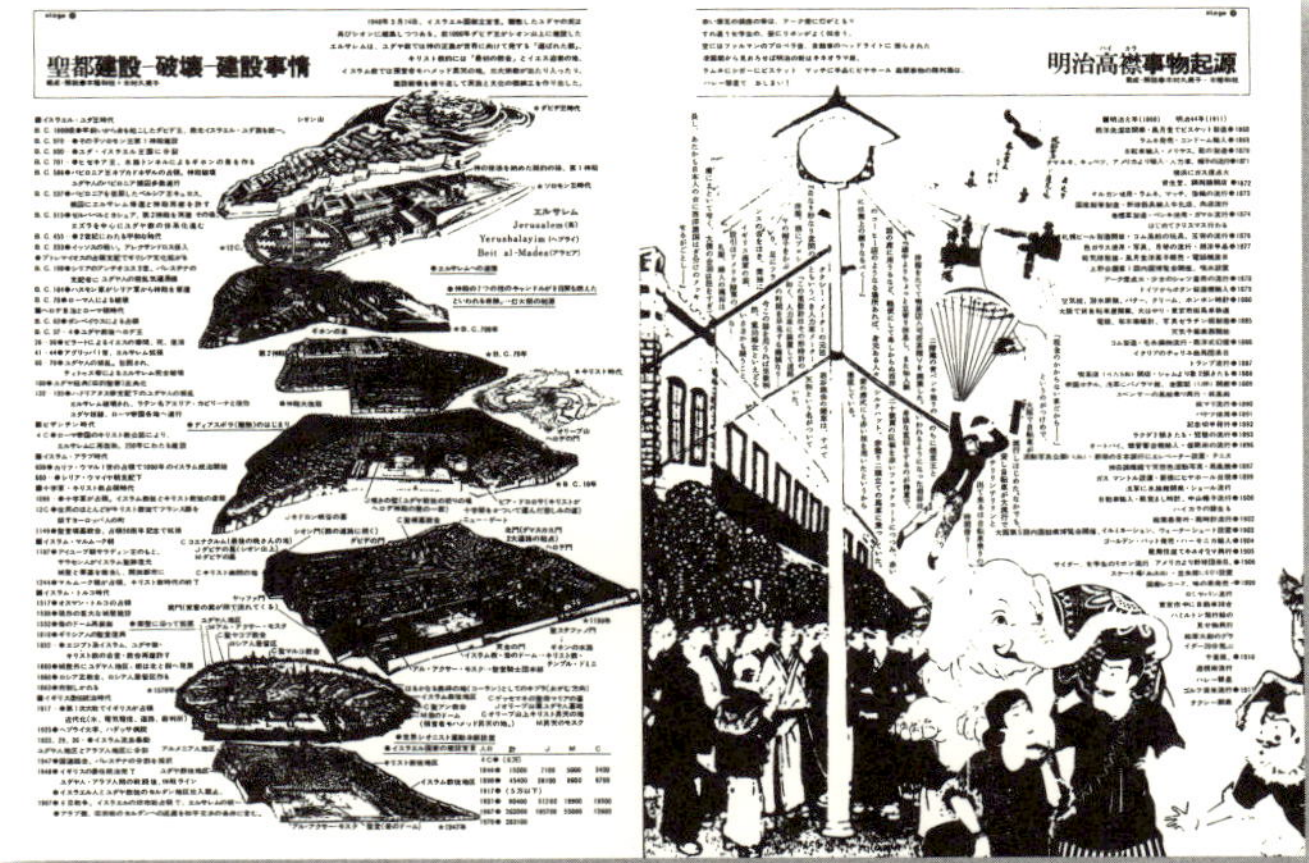

『遊』9・10号「存在と精神の系譜」の「ステージ・ページ」

まっすぐに歩き、周囲を見まわす場合には必ず立ち止まる。では、わが母親たちはどんな理由と権限をもって、「ほれほれ、脇見をしちゃいけません！」とわれわれの手を引っぱったのだろう？　脇見をしないという動物的行動性はしばしば軍事の原理に採り入れられている。しかし、いまや本気で脇見をしなければならない好機がやってきた。軍事ですら遊撃が効を奏する一九七〇年代である。〝脇見をしないコンピューター〟を使ったアメリカはベトナムを退いたではないか。そこでわれわれはしなやかな肢体をそなえた「脇見をする猫」として、ここに戯むれたふりをする――。『遊』とはそういう意味である。

アマチュアのためのゲーム

考証や研究は議論を重くさせるだけである。当人が窒息するのはまだよいとして、これを見せられ、あるいはこれを使用してしまった者にも加重がかかる。アカデミズムとはそんな「文化のシュヴァルツシルド半径」の裡にある。われわれはもっとアッケラカンとして全歴史をふりかえってみたかった。

徹底したアマチュアリズム――『遊』が片手に持っているグノーモーンはこの

ことだ。私を含めて全員に肩書がなく、専門とする領域がない。松本淑子がゴーゴリ全集の中に入って行ったのは一ヶ月前のことであり、佐々木光が古本屋で蕪村を渉猟していた姿はまだ誰もがよく憶えている。高橋秀元の空海は、彼の子供に名付けられた空海の幼名から始まったものだし、私がパラケルススやシュレディンガーを読んだのはつい昨日のことだった。かつて十川治江が数理論理学の全般に異常な直観を働かせはじめたのに誰もが目を見張ったのは、彼女がラッセルの『数理哲学序説』を読んで三ヶ月も経たないうちだった。読者からの手紙がそのまま『遊』になっていることはいくらでもある。むろん、われわれは適当にやっているのだし、アカデミシャンの成果と比較してもらうつもりはない。でたらめも多いし、的を得ていない場合も多い。しかし、われわれは空海ではなくゴーゴリではない。無数の宇宙線に体表を貫かれ、あまたの思想物質や塵芥とともにいっさいを呑みこんでは吐いている、或るよじれた存在だ。一方、空海、ゴーゴリもまたわれわれではない。それでよいではないか。何も遺伝情報を担う〝記憶子〟を例に出さずとも、われわれと空海、ゴーゴリを宇宙の塵芥がどこかでまぜこぜにしてくれるのだ。

それにしても、なぜこんな話をするのかとおもわれるだろうか。わが経理を担当している竹原正人が、われわれにとってはアイザック・ニュートン卿でありクルト・ゲーデル先生である――このような説明では不充分だろうか。彼のデスク・ワークが暇なとき、その偏屈ではあるけれど独創的な数学的宇宙論を聞きに来てください。それでもわかりにくければ、私が答えよう。答えはこうだ。われわれは未だ綴られざる日常にいる――。つまり、『遊』のもう一方の片手は、『遊』には使われてはいやしない。

この仕事

さて、そろそろ話を打ち切らなければならない。その他のことは次のページからはじまる存在と精神の系譜を読んでもらえれば充分である。ただ私が何を言いたかったのか、そのことを手短かにまとめておくことにする。

「君たちはようするに何をしているのかね?」

「いや、別のことをしているのさ!」

遊
遊
遊
遊
遊
遊

編集者あとがき

「遊線放送局」より

二〇二四年八月一二日、松岡さんが最後の眠りについた。かつて『遊』臨時増刊「野尻抱影・稲垣足穂追悼号」の表紙に印字された松岡さんの一文、「われらはいま、宇宙の散歩に出かけたところだ」を想う。地上にとどまっているわれわれに残されたものは多いが、できることはあまりに少ない。学ばせていただいたこと、盗ませていただいたこと、遊ばせていただいたことも、それこそ夜空の星の数ほどあるが、それらを誰かに伝えようとしも、なかなか糸口が見いだせないままにいる。それでもじっとしていられない想いが凝って、この一冊になった。

本書を手にとった読者のみなさんが、やっぱり松岡正剛自身の文章をもっと読みたいと思われることは想像に難くない。なので贅語はこのあたりにして、第Ⅱ期『遊』からスタートして休刊まで続いた、工作舎の日々のドキュメンテーション「遊放送局」の第一回連載の一部を紹介して「あとがき」に代えることにする。「遊放送局」は、その後『遊』副編の田辺澄江が担当することになり、かなりの人気コーナーとなったが、ここに掲載する口切は、松岡さん自身が執筆した。松岡編集が書籍や雑誌にとどまらず「場所」にまで及び、また「場所」とともにあったことの幾ばくかは、お伝えできるかと思う。

——工作舎編集長・米澤敬

遊線放送局

◉…この欄は、毎号、われわれの内外なる活動、煮つまった消息、戦闘的気配、ぜひとも伝えたい告示……などを少しずつ紹介するための〝遊線放送〟です。

◉…第一弾は、おおざっぱな工作舎のアウトラインの報告にとどめます。これは、工作舎に来たらんとする人の期待、工作舎に対する一般的印象などが、あまりに浪漫的幻想的で、現実ばなれしているせいか、われわれと諸兄との間に余計なバイヤスがかかることを解消するためです。われわれも諸兄もできるかぎりストレートでありたいのです。その上で、蛮勇をふるって、猛者の来たらんことを——期待します。

◎…工作舎は正式名称を、〈工作舎＋フォーラム・インターナショナル〉と言って、この＋《プラス》は、一九七六年四月に、工作舎と翻訳通訳のスタッフで構成されていたフォーラム・インターナショナルが合従連衡したことを意味します。法規上は別組織ですが、代表者を中上千里夫が兼ねていることをはじめ、その他あらゆる面で一体化しています。われわれはこれを略称して〈k＋f〉あるいは単に〈kf〉などとどこかのシガレットの名前のように呼んでいます。ただし、出版社名としては工作舎のみが登録されているため、刊行物には工作舎の名だけが記載されます。工作舎の名は、今では一般化してしまったworkshopの訳語であり、谷川雁の「工作者宣言」の名残りであり、また工匠の神である鷹男ダイダロスのニュアンスを伝えます。

◎…〈k＋f〉が単なる出版社でないことについて一言。読者の眼には刊行物しか届かないために、工作舎は実に怠惰で呑気で恥知らずな刊行点数の驚くばかりに少い得体の知れない出版社と映るでしょうが、活動の実態はそれほど呑気でないばかりか、むしろ〝異常な柔組織〟と言いたいくらいであって、われわれの天下の志はたしかにこぞって出版活動を主軸においていますが、実際の活動比率から言えばせいぜい三〇％、今年から来年にかけて、これをやっと半分にまで運び上げようとしているのがいつわらざる実情です。

では、他に何をやっているかというと、いわゆるプランニング・ワークが一〇％、アドバタイジング・ワークが三〇％、翻訳やら通訳やらが一五％、デザイン、写真の制作活動が三〇％、その他が二〇％というところ。〆めて一三五％。これらは他出版社を含めたクライアントを大向うにまわしての仕事です。ソニーのカレンダー、ダイヤモンド社の本、日立照明や味の素のＰＲ誌、資生堂やニコンや交通公社のメディアづくり、学研やレトラセットの広告制作……まあ、こういう稼業をやっているわけです。他に、一九七七年の秋冬をかけた〈田中泯ハイパーダンス一八二四時間〉や早稲田小劇場との共同活動のような、いわばアート・プロジェクトに類する仕事、東京青山に開店したタオル・ブティックのトータル・プロデュースのような空間的活動も引き受けることもしばしばあります。

◎…〈k＋f〉の非常の日々を伝えるには、多少の構成図いや流動図を紹介した方がよいかもしれません。まず、編集、デザイン、写真、国際、経理、出版営業、企画といった一般会社で言えば部や課にあたるセクションが分かれています。ここまではまあ、真面目。四月一日現在、十九名の正式スタッフがいるので、これらのセクションには、それぞれ二、三名が〝組〟となって加わっている勘定になりますが、実際には相互に重なって〝組〟のメンバーになっているスタッフもあるため、ほぼ四名ずつということになります。このあたり、はやくも乱れがちです。出版を高橋秀元が、編集を十川治江が、デザインを森本常美が、写真を佐々木渉が、国際を木幡和枝が、経理を竹原正人が、出版業務一般を高橋克己が、いわば〝組長〟として取仕切り、その全体を松岡正剛が番をとるという恰好です。各組は週に一度の討議会を形成します。この横に並んだ〝組〟とは別に、高橋、十川、佐々木(渉)をリーダーとしたいささか遊撃的なプロジェクト・チームが三層構成され、それぞれ独自のプログラムをたててこれを実現させています。この他、やや大規模なエディトリアル・ミーティングとヴィジュアル・ミーティングが月に一、二回、仕事の打ち合せのためのミーティングはひっきりなし。まず大雑把にはこんなところです。

しかし……

◎…〈k＋f〉を訪れる人がまずあきれるのは、ほとんど毎時毎分ガタガタザワザワ殺気だっている事態にあるようです。わずかに夜も白む明方の二、三時間が静かなくらいで、就業時間がどこを中心として半径を描いているのやら、さっぱり見当がつきかねるとの噂。一応、朝は十時から選りぬきのトップ・ビジネスマンのつもりで端を開くのですが、夕闇に月の出る頃に何やら妖しいピークがあり、さらに夜の九時十時となると一層の来客もつめかけ、紫煙たちこめる舎内はあたかも梁山泊の如き猛威を放ちはじめ、午前〇時前後にいったん終電組が引いたのち、ふたたび深夜の二、三時をめざして悪魔的な熱気が舎内を包みます。これが、なんとも六年間びっしりと続いています。かつては、松岡正剛が起居を兼ねた空間のせいであるとおもわれたのですが、六年もこの習俗を絶やしていないともはやこれは哀れむべき〝業〟に近いと言うべきかもしれません。そのくせ、毎月曜日の朝九時から開かれる打ち合せ会議では、「そろそろ夜七、八時をもって仕事を打ち切ることを決議します」を、しょうこりもなく、数年間にわたって繰り返しています。

三月二十七日月曜日から四月二日日曜日までのデータ。徹夜人数（月3、火4、水3、木8、金11、土25、日16）舎内で調理して食事をした者（平均8）、店屋物注文合計（83品）、アメリカ取材中（2）。

一九七七年八月からの主要な展開［本書では三ヶ月分のみを収録］。

［**八月**］

▼根城を新宿番衆町から渋谷松濤に移す。

▼森本常美、大阪から上京して加入。ADとなる。

▼十川治江編集による「日本の科学精神」第一弾『数の直観にはじまる』刊行。

▼西武美術館「曼荼羅展」に企画参加。カタログ、パンフレットを松岡が執筆。

▼『スーパーレディ1009』のための〝スーパーレディ大会〟を工作舎で開催。六〇名が集まる。読売新聞その他が経過掲載。

▼松岡正剛・高橋秀元による対話シリーズ「気談」を『メディテーション』に連載開始。〝気の自然学〟を謳歌する。写像展開を佐々木光が、レイアウトを森本常美が担当。

▼石岡瑛子、『スーパーレディ1009』に参加。

▼佐々木渉、木幡和枝、早稲田小劇場富山利賀村公演〝宴の夜〟を取材。

▼天才ドラマー、ミルフォード・グレーヴス来舎。宇宙音と身体感覚をめぐって松岡正剛と対談。通訳＝木幡和枝。

〔**九月**〕

▼ドイツのイラストレーター、トマス・バイルレ来舎。松岡、村田、木幡と座談会収録。

▼器用人・日高達雄、森本の招きで大阪より上京して加入。

▼村田恵子、ヨーロッパ・東欧へ一ヶ月半の医学関係通訳ツァー。途中、トマス・バイルレ、エロらにインタヴュー、テヘラン近代美術館オープニングにコーディネーターとして出席。

▼コピア・カタログ制作。

▼奥田敏子舞踊公演「白い家」パンフレット制作。

▼高橋秀元と河西善治編集によるヘムレーベン『ルドルフ・シュタイナー』刊行。

▼『話の特集』に松岡正剛「掠奪者のための倫理3」、木幡和枝「ハイパーの季節」。

▼『遊』1001の編集制作開始。

▼潮出版社『おくどはん』ブック・デザイン。

▼田中泯と「ハイパーダンス」の打ち合せが続く。協力スタッフが三〇人を越えはじめる。

［十月］

▼いましめていた徹夜体制が、またぞろ復活しはじめる。

▼学研「国語大辞典、漢和大字典」カタログ・広告制作。

▼三井生命ポスター制作。写真＝佐々木渉。

▼『潮』グラビア編集制作。編集＝木幡和枝、写真＝佐々木渉・宮地工。

▼一五日、工作舎主催「田中泯ハイパーダンス・プロジェクション1824時間」の劈頭を、工作舎に四〇名のゲストを迎えて飾る。これより十二月二十二日まで都内八〇ヶ所、全国六ヶ所のハイパーダンスが展開する。寺山修司、鈴木忠志、細江英公、亀井武彦ほかの参加決定。

▼羽良多平吉、外部スタッフとして参加。

▼『読書新聞』に高橋秀元「シュタイナー論」を書く。

▼松岡正剛、英仏へ。村田恵子と合流。ロジェ・カイヨワとの〝鉱物主義宣言〟を中心に、ミシェル・フーコー、ピエール・ド・マンディアルグ、J・G・バラード、フランシス・イエイツと対談収録。ロンドンで杉浦康平と合流。十一月五日帰国。この間に稲垣足穂、野尻抱影相次いで天に還る。

▼パンフレット『身体気象圏』刊行。限定千部。編集＝木幡和枝、ＡＤ＝森本常美、写真＝佐々木渉ほか、執筆＝市川雅ほか。
▼『デザイン』に杉浦康平特集。松岡正剛「観念の複合震動」執筆。
▼月刊『草月』に杉浦・松岡による「浮遊する宇宙身の図像譜」。
▼潮出版社『池田満寿夫グラフィティ』編集制作。Ｄ＝羽良多平吉。

◎…われわれは必ずしも徒党を組むこと、一派を培うことを希んではいません。むしろ純度の高い凝縮と拡散の交感があればそれでよいと考えています。まだ時は熟していません。しかし、いつの日か、どこかにか〝梁山泊〟をつくらなければなりますまい。

◎…では、また次号で！

著者紹介

松岡正剛［Seigow Matsuoka］

一九四四年一月二五日、京都室町に生まれる。実家は悉皆屋型の呉服屋。「正剛」の名は、父親の「他人に殺されるくらいの気概の持ち主になれ」との思いにより、中野正剛より採られた。三歳で東京日本橋に転居、さらに京都、横浜へと住まいを移し、高校時代は九段高校で『九段新聞』、大学では『早稲田大学新聞』の編集に携わる。早稲田大学文学部中退後には、高校生向けのタブロイド誌『the high school life』の編集長を務めた。一九七〇年六月より雑誌『仮面』の創刊準備をスタートするが、刊行直前に発行元の仮面社が活動休止。『仮面』は『遊』と改称され、一九七一年四月に『遊』の制作発行母体として工作舎を設立する。一九八二年、『遊』休刊とともに独立し、一九八七年に編集工学研究所を設立。「生涯一編集者」として疾走を続け、二〇二四年八月一二日、永眠。田中優子との対談集『昭和問答』（岩波新書）の「あとがき」が最後の執筆原稿となった。

編集宣言——エディトリアル・マニフェスト

発行日——二〇二四年一〇月三〇日

著者——松岡正剛

編集——米澤敬

エディトリアル・デザイン——宮城安総

印刷・製本——中央精版印刷株式会社

発行者——岡田澄江

発行——工作舎　editorial corporation for human becoming

〒169-0072　東京都新宿区大久保2-4-12　新宿ラムダックスビル12F

phone : 03-5155-8940　fax : 03-5155-8941

URL : https://www.kousakusha.co.jp

e-mail : saturn@kousakusha.co.jp

ISBN978-4-87502-569-6

にほんとニッポン
◆松岡正剛
日本人は何もかも見てみないふりをして、今もなお日本を見捨て日本を見殺しにしつづける…忘れてはいけない日本を一冊に濃縮、高速全日本史！
●四六判●416頁●定価　本体1800円＋税

遊読365冊
◆松岡正剛
「千夜千冊」の原点、1981年雑誌『遊 読む』誌上に一挙掲載された伝説のブックガイドついに復活！　一冊百字でブックコスモスを駆け巡る。9章は荒俣宏選書。
●B6判変型仮フランス装●224頁●定価 本体1800円＋税

文字の霊力
◆杉浦康平
日本語タイポグラフィに大きな影響を与え続けた杉浦康平。その真骨頂たる「文字」をテーマにエッセイ・論考を収録。松岡正剛との対話では、文字の可能性が縦横無尽に語られる。
●A5判変型●300頁●定価　本体2800円＋税

うたかたの国
◆松岡正剛
茶の湯も、屏風絵も、物語も、日記も、信心も、日本は歌とともにあった。万葉集から歌謡曲まで、松岡詩歌論30余冊をリミックス。歌で辿る日本の文化。
●四六判●428頁●定価　本体1800円＋税

自然学曼陀羅
◆松岡正剛
物理学とインド哲学、定常宇宙論と空海の密教、生物学と神秘学、現代美術とタオイズム…専門性・分業性の閉塞状況を破る全自然学論考。情報文化論を展開する著者の処女作。
●四六判上製●280頁●定価　本体1800円＋税

本が湧きだす
◆杉浦康平
ブックデザインをテーマに、戦後の日本グラフィックデザインを牽引した杉浦康平の言葉を集成。松岡正剛、鈴木一誌・戸田ツトム等の対話も収録。
●A5判変型●320頁●定価　本体3200円＋税

人間人形時代

◆稲垣足穂

タルホの「本は暗いおもちゃである」を実現。本の中央に径7ミリの穴をあけた漆黒のオブジェ・ブック。松岡正剛編集・杉浦康平造本のブックデザイン史上の名作。

●A5判変型●309頁●定価　本体2200円＋税

田中泯　海やまのあひだ

◆田中泯＋岡田正人

ダンサー田中泯と写真家岡田正人の30年におよぶコラボレーションの記録。舞台は東京「夢の島」の泥海から、山梨「桃花村」の丘と森の四季まで。松岡正剛寄稿。

●300×295mm上製●126頁●定価 本体9000円＋税

ハンセン病　日本と世界

◆ハンセン病フォーラム＝編

「スティグマとしてのハンセン病」松岡正剛をはじめ、加賀乙彦、杉良太郎など国内外で支援活動を行う人々や、元患者がハンセン病について語り、綴る。ハンセン病の全体像を捉え直す画期的な書。

●A5判変型●376頁●定価　本体2500円＋税

空想文学千一夜

◆荒俣宏

著者が愛するダンセイニ、ゴシック・ノベル、ヒロイックファンタジー、モダンホラー…。あやしい夢幻世界へ読者を誘う幻想文学の数々を紹介。荒俣版「幻想文学ファイナルベスト」付き。

●四六判上製●704頁●定価　本体3500円＋税

インプロヴィゼーション

◆デレク・ベイリー　竹田賢一＋木幡和枝＋斉藤栄一＝訳

フリー・ミュージックの主導者が、ジャズ、ロック、インド音楽、現代音楽などの即興演奏家たちと語らい、インプロヴィゼーションの本質を明かす。坂本龍一推薦。

●A5判●288頁●定価　本体2300円＋税

最後に残るのは本

◆工作舎＝編

小松和彦、養老孟司、池澤夏樹など総勢67人の書物をめぐるエッセイ集。工作舎の本にはさみこんだ新刊案内「土星紀」の連載をまとめた。デザイナー祖父江慎と米澤編集長の対談収録。

●四六判変型上製●244頁●定価　本体2500円＋税

赤い水　のこして泳ぐ　金魚かな

——松岡正剛（中学一年生）